# Eat more of
# what makes
# you happy

Kerstin Niehoff

# Eat more of what makes you happy

**TRENDS**
**ABENTEUER**
**INSPIRATION**

Mit Unterstützung von Verena Poppen

Hölker Verlag

Ich liebe es, unterschiedliche Foodtrends zu entdecken und zu Hause nachzukochen. Dabei bin ich immer offen für Neues, lasse mich inspirieren und probiere gern unbekannte und manchmal auch ausgefallene Rezepte aus. Oft wandle ich Rezepte ab, tausche Zutaten aus und entdecke dabei neue, tolle Gerichte. Kreativität beim Kochen und mit allen Sinnen genießen macht mich glücklich. Die Gerichte sollen super lecker und mit frischen, puren und qualitativ hochwertigen Lebensmitteln zubereitet sein. Vor allem bei Zutaten tierischer Herkunft greife ich zu Bio-Qualität und kann so das Kochen und das Essen noch mehr genießen.

Mit den Rezepten in diesem Buch will ich alle inspirieren, die wie ich Lust auf Foodtrends und Spaß am Ausprobieren haben. Die meisten Gerichte können durch den Austausch bestimmter Zutaten variiert werden. Viele lassen sich mit wenig Aufwand an eine vegetarische, vegane, gluten- oder laktosefreie Ernährung anpassen. Kulinarisch unterstützt wurde ich bei der Ausarbeitung der Rezepte von meiner lieben Blogger-Kollegin Verena, die bei vielen Gerichten ihr Knowhow und einige kreative Ideen eingebracht hat. Stürz dich mit mir ins Foodie-Abenteuer, lass dich inspirieren und koch dir die Gerichte, wie sie dir gefallen.

# Inhalt

### SCHNELL UND EINFACH

| | |
|---|---|
| Taboulé | 12 |
| Applecrumble | 15 |
| Crispy Chickpeas on Salad | 16 |
| Asian Noodles | 19 |
| Peanutbutter Cookies | 20 |
| Summer Rolls | 25 |
| One Pan Pasta | 26 |
| Mango-Mozzarella-Türmchen | 29 |
| Avocado-Brot | 30 |

### GESUND UND LEICHT

| | |
|---|---|
| Cauliflower Rice | 36 |
| Piña Colada Dish | 39 |
| Cucumber Slices | 40 |
| Green Matcha Curry | 43 |
| Popsicles | 44 |
| Lauwarmer Linsensalat | 47 |
| Maracuja-Nicecream | 48 |
| Tantan Ramen | 53 |
| Zoodles Carbonara | 54 |
| Kale & Quinoa Salad | 57 |
| Chia-Beeren-Creme | 58 |

### AUF UND DAVON

| | |
|---|---|
| Möhren-Sticks | 61 |
| Wrap-Happen | 66 |
| Veggie Flatbread | 69 |
| Brown Rice Salad | 70 |
| Raw Chocolate Bites | 73 |
| Overnight Oats | 74 |

**Don't be eye candy.**

| | |
|---|---|
| Pastrami-Sandwich | 77 |
| Süßkartoffel-Kurkuma-Suppe | 80 |
| Polenta-Stäbchen | 83 |
| Kisir | 84 |

## SÜSS UND FETTIG

| | |
|---|---|
| Sweet & Sticky Chili Beef | 90 |
| Carrot Cake | 93 |
| Brownies | 94 |
| Real Mac & Cheese | 97 |
| Swirled Blackberry Scones | 98 |
| Mini-Pavlova | 103 |
| Hot Dogs Elsässer Art | 104 |
| S'mores & French Toast | 107 |
| Churros mit Zimtsahne | 108 |
| Ramenburger | 111 |
| Fritten Italian Style | 112 |
| Honeycomb | 115 |

## NEU UND AUSGEFALLEN

| | |
|---|---|
| Poké Bowl | 120 |
| Pulled Jackfruit Burger | 123 |
| Charcoal Waffles | 124 |
| Okonomiyaki | 127 |
| Spicy Popcorn | 128 |
| Deep Fried Pickles | 133 |
| Black Rice Pudding | 134 |
| Sweet Sushi | 137 |
| Red Pizza | 138 |
| | |
| Rezeptregister | 140 |
| Zutatenregister | 141 |

**Be soul food.**

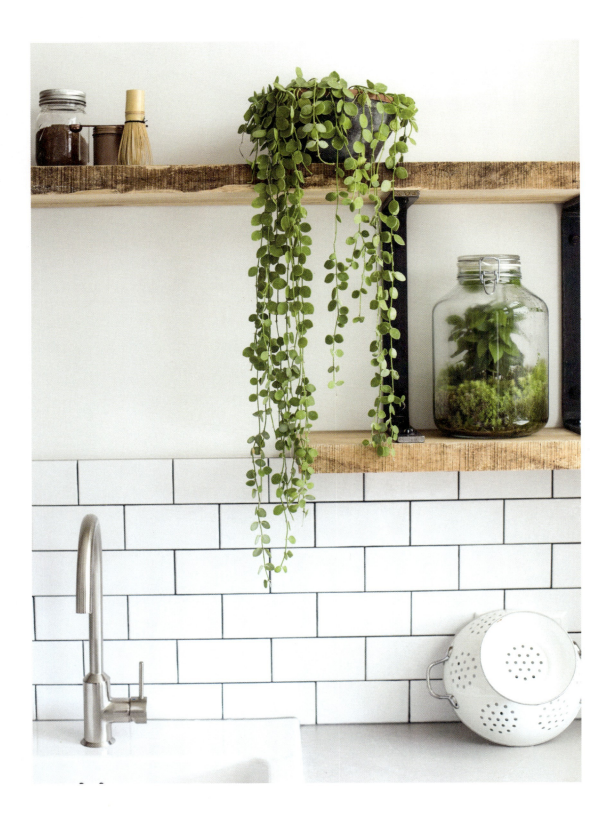

# I'm sorry for what I said when I was hungry!

### Schnell und einfach

**Eigentlich bin ich eine Freundin von Slow Living. Ich will das Leben und jeden Moment genießen. Auch das Kochen und Essen. Aber manchmal braucht man auch mal schnell etwas Leckeres zu essen. Vor allem wenn man einem anstrengenden Tag hinter sich hat. Dann ist es toll, ein paar Rezepte zu haben, die im Handumdrehen aus puren und einfachen Zutaten zubereitet werden. Alle meine schnellen Gerichte sind vegetarisch, da ich sie meist unter der Woche zubereite, wo ich versuche auf Fleisch und Fisch zu verzichten. Lass dir Zeit beim Genießen!**

SCHNELL UND EINFACH

Ich liebe Taboulé und genieße den Klassiker der orientalischen Küche lauwarm oder kalt. Der Salat ist superschnell zubereitet und einfach lecker.

# Taboulé

## MIT KIRSCHTOMATEN UND RUCOLA

**Für 1 Portion**
100 g Couscous
50 g Kirschtomaten
1 Bund Rucola
3 Stängel glatte Petersilie
1 Stängel Minze
1 EL Zitronensaft
3 EL Olivenöl
Salz
frisch gemahlener schwarzer Pfeffer

Den Couscous in eine große Schüssel geben und 200 Milliliter kochendes Wasser zugießen. 5–10 Minuten quellen lassen.

In der Zwischenzeit die Kirschtomaten waschen und halbieren, Rucola, Petersilie und Minze abbrausen und trocken tupfen. Die Rucolablätter mit den Händen in der Mitte zerteilen. Die Petersilie und die Minze fein hacken.

Das Wasser aus der Schüssel abgießen und den Couscous mit den übrigen Zutaten vermengen. Mit Salz und Pfeffer würzen. 30 Minuten ziehen lassen und wenn nötig noch einmal abschmecken.

### TIPP

Anstatt Minze und Kirschtomaten kannst du auch kurz in der Pfanne gebratene Zucchini- oder Auberginewürfel und Koriander oder Rosmarin verwenden und dein eigenes Lieblings-Taboulé kreieren.

## SCHNELL UND EINFACH

Wenn spontan Besuch kommt oder du einfach Lust auf etwas Süßes hast, ist der Applecrumble die perfekte Wahl. In 20 Minuten ready to eat schmeckt er herrlich pur oder mit Eis, Joghurt oder Quark.

# Applecrumble

### MIT MANDELN UND VANILLE

**Für 2 Portionen**
10 g Mandeln
100 g Dinkel- oder Weizenmehl
50 g Rohrohrzucker
50 g gemahlene Mandeln
70 g weiche Butter oder Kokosfett plus etwas für die Form
1 Msp. gemahlene Vanille
1 Prise Salz
3 kleine Äpfel
1 TL Zimt (optional)

**Außerdem:**
Auflaufform, 20 x 26 cm

Den Backofen auf 180 °C vorheizen. Die ganzen Mandeln grob hacken. Mehl, Zucker, gemahlene und gehackte Mandeln, Butter, Vanille und Salz in einer Schüssel mit der Hand verkneten, bis die Masse krümelig ist.

Die Äpfel waschen, von Kerngehäusen befreien und in mundgerechte Stücke schneiden. Nach Wunsch mit Zimt bestreuen.

Die Auflaufform fetten, die Äpfel gleichmäßig darin verteilen und die Streusel darübergeben. Den Crumble 15 Minuten backen und warm genießen.

#### TIPP

**Anstatt Äpfel kannst du auch Birnen, Bananen und frische oder tiefgefrorene Beeren verwenden. Auch Mohn passt gut dazu. Wenn du den Crumble ohne Mandeln zubereiten möchtest, nimmst du einfach entsprechend mehr Mehl. Auch mit Kokosflocken, Walnüssen oder Kakao lassen sich die Streusel verfeinern.**

**SCHNELL UND EINFACH**

Du denkst, Hunger und Salat passen nicht zusammen? Hier schon! Der frische Salat und die würzigen Kichererbsen sind nicht nur geschmacklich eine perfekte Ergänzung. Die kleine Mahlzeit macht satt, ist blitzschnell zubereitet und auch gut fürs Kalorienkonto.

# Crispy Chickpeas on Salad

**Für 2 Portionen**
**Für das Dressing:**
1 Stängel Minze
100 ml Olivenöl
4 EL Himbeeressig
1 EL Honig

**Für die Kichererbsen:**
200 g Kichererbsen
25 ml Rapsöl
1 TL Honig oder Agavendicksaft
1 TL süßes Paprikapulver
½ TL gemahlener Kreuzkümmel
1 TL Knoblauchpulver
Meersalz

**Außerdem:**
200 g Lollo Bianco
100 g Radieschen

Für das Dressing die Minze abbrausen, trocken tupfen und grob hacken. Die Minze mit Olivenöl, Himbeeressig und Honig in einem hohes Gefäß mit dem Stabmixer pürieren.

Die Kichererbsen in einer Schüssel mit Rapsöl, Honig und den Gewürzen vermengen. In einer Pfanne bei hoher Temperatur anrösten. In eine Schüssel füllen und abkühlen lassen.

Den Salat und die Radieschen waschen und putzen. Die Radieschen in Scheiben schneiden. Den Salat in einer Bowl mit den Radieschenscheiben und Kichererbsen vermengen und das Dressing darübergießen.

**TIPP**

Etwas gehaltvoller wird der Salat mit Feta, aber auch Paprika, Brokkoli oder Möhren sind eine gute Ergänzung. Das kleingeschnittene Gemüse einfach gegen Ende der Röstzeit zu den Kichererbsen in die Pfanne geben und kurz mitbraten.

**SCHNELL UND EINFACH**

An diesem Gericht liebe ich neben der schnellen Zubereitung besonders, dass es so frisch und gleichzeitig cremig schmeckt. Das rohe Gemüse in Verbindung mit den warmen Reisnudeln und der samtigen Erdnusssoße ergibt einfach eine wunderbar ausgewogene Mahlzeit, die der Seele gut tut, wenn es einmal schnell gehen muss.

# Asian Noodles

**Für 4 Portionen**
400 g Reisnudeln
½ Rotkohl
2 Möhren
1 Zucchini
1 Bio-Limette
1 EL Agavendicksaft
2 EL Erdnussmus
100 ml Sojasoße
1 Bund Koriandergrün
75 g Erdnüsse

Die Reisnudeln nach Packungsanleitung in gesalzenem Wasser kochen und abgießen. In der Zwischenzeit den Rotkohl vom Strunk befreien, Möhren und Zucchini putzen. Das Gemüse in feine Streifen schneiden (alternativ für Möhren und Zucchini den Spiralschneider verwenden). Die Nudeln mit dem Gemüse vermengen.

Für das Dressing die Hälfte der Limettenschale fein abreiben und die Limette anschließend auspressen. In einer Schüssel mit Agavendicksaft, Erdnussmus und Sojasoße verrühren.

Nudeln und Gemüse mit dem Dressing vermischen. Den Koriander waschen, trocken tupfen und fein hacken. Mit den Erdnüssen über die Nudeln streuen.

**TIPP**

**Dieses Rezept ist eine gute Resteverwertung. Gemüse, das ich noch im Kühlschrank habe, schneide ich in feine Streifen und gebe es zu den köstlichen Asian Noodles.**

SCHNELL UND EINFACH

Süß, warm und irgendwas mit Erdnussbutter! Wenn du Lust auf genau das verspürst, sind diese Cookies das Richtige. Inspiriert dazu hat mich ein Rezept auf Veronikas Blog „Carrots for Claire". Nur bei mir gibt's die etwas ungesündere Variante …

# Peanutbutter Cookies

**Für 5–6 Cookies**
80 g Erdnussmus
3 EL Ahornsirup
50 ml (Mandel-)Milch
50 g Weizen- oder Dinkelmehl
1 Ei
1 Prise Salz
1 Msp. gemahlene Vanille
3 EL Schokotropfen

Den Backofen auf 180 °C vorheizen. Erdnussmus, Ahornsirup, Milch, Mehl, Ei, Salz und Vanille mit den Rührbesen des Handrührgeräts oder dem Schneebesen vermengen. Zum Schluss die Schokotropfen unter die Masse rühren.

Ein Backblech mit Backpapier auslegen. Mit einem Esslöffel 5–6 Portionen Teig auf das Blech setzen. Die Cookies ca. 8 Minuten backen.

### TIPP

**Die Cookies schmecken mit gehackter weißer Schokolade oder Nüssen anstatt der Schokotropfen genauso köstlich. Anstelle des Erdnussmus kannst du auch Mandel- oder Haselnussmus verwenden.**

**SCHNELL UND EINFACH**

Sie sehen kompliziert aus, dabei ist die Zubereitung der Summer Rolls so schnell und einfach. Hast du den Dreh einmal raus, steht das Rezept wöchentlich auf dem Speiseplan für eine schnelle Mahlzeit. Und wenn es besonders schnell gehen muss, lässt du das Reispapier weg und genießt die Füllung zusammen mit dem Dip einfach lauwarm in einer Schale.

# Summer Rolls

**Für 10 kleine Summer Rolls**
100 g Mie-Nudeln
½ TL gekörnte Gemüsebrühe
1 reife Avocado
½ reife Mango
75 g frische Rotkohlblätter
½ kleiner Romana-Salat
2 TL Sesamsamen

**Für den Dip:**
2 TL Erdnussmus
2 TL Sojasoße
1 TL Ahornsirup

**Außerdem:**
10 Blätter Reispapier

Die Mie-Nudeln nach Packungsanleitung in einem Topf mit Brühe gar kochen und abgießen.

In der Zwischenzeit die Avocado halbieren, den Kern entfernen und das Fruchtfleisch aus der Schale lösen. Die Mango schälen, halbieren und den Kern entfernen. Avocado und Mango in dünne Scheiben schneiden. Die Rotkohlblätter und den Romana-Salat putzen, beim Salat die äußeren Blätter entfernen. Salat- und Rotkohlblätter in feine Streifen schneiden.

Für den Dip Erdnussmus, Sojasoße und Ahornsirup in einer Schüssel zu einer cremigen Soße verrühren, ggf. einen Teelöffel Wasser zufügen, wenn sie zu dickflüssig ist.

Die Reispapier-Blätter jeweils ca. 10 Sekunden unter lauwarmes Wasser halten und abtropfen lassen. Sofort gleichmäßig mit Nudeln, Avocado, Mango, Rotkohl und Salat füllen. Dazu die Zutaten quer auf das untere Drittel des Reispapiers legen, den unteren Teil des Reispapiers darüberklappen, danach die linke und rechte Seite zur Mitte klappen. Zum Schluss das Reispapier fest nach oben aufrollen und mit Sesamsamen bestreuen. Die Summer Rolls mit dem Dip servieren.

**TIPP**

**Auch mit dünnen Gurkenscheiben, feinen Möhrenstreifen und Garnelen schmecken die Rolls köstlich.**

## SCHNELL UND EINFACH

Die One Pot Pasta gehört zu den Trends der schnellen Küche. Alle Zutaten kommen in einen Topf und kochen innerhalb weniger Minuten zu einer leckeren Mahlzeit. Dabei nehmen die Nudeln ganz wunderbar den Geschmack der Soße und Kräuter auf. Da ich die Pasta in einer Pfanne zubereite, heißt das Gericht bei mir One Pan Pasta.

# One Pan Pasta

**Für 2 Portionen**
1 kleine Zwiebel
1 Knoblauchzehe
1 Zweig Rosmarin
1 Stängel Oregano
1 Stängel Basilikum
250 g Penne
400 g gehackte Tomaten (Dose)
4 EL Olivenöl
2 TL Rohrohrzucker
Salz
frisch gemahlener schwarzer Pfeffer

Zwiebel und Knoblauchzehe schälen und fein hacken. Rosmarin, Oregano und Basilikum abbrausen, trocken tupfen, die Blätter abzupfen und fein hacken.

Zwiebel, Knoblauch, 400 Milliliter Wasser, Penne, Tomaten, Olivenöl und Zucker in einer großen Pfanne aufkochen und ca. 15 Minuten köcheln lassen. Ab und zu umrühren, um ein Anbrennen zu verhindern. Sollte die Flüssigkeit aufgesogen sein, bevor die Pasta gar ist, ggf. etwas Wasser nachgießen. Zum Schluss mit Salz und Pfeffer würzen und die Kräuter zugeben.

### TIPP

Dieses Gericht eignet sich ideal zum kreativen Abwandeln nach Geschmack. Ob Lauch, Paprika, Mais, Kokosmilch oder Brühe: Was immer der Kühlschrank hergibt, gibst du mit Pasta und Flüssigkeit in die Pfanne und los geht's!

**SCHNELL UND EINFACH**

Mozzarella mit Tomaten zu kombinieren, ist ein Klassiker. Vor einigen Jahren habe ich entdeckt, dass auch Mango mit dem italienischen Käse wunderbar harmoniert. Vor allem in Verbindung mit dem nussigen Aroma des Arganöls schmeckt diese Kombination fantastisch. Dazu noch eine frische, selbst gemachte Limonade und fertig ist der leckere Sommer-Snack.

# Mango-Mozzarella-Türmchen

MIT GRAPEFRUIT-LIMO

**Für 1 Portion**
**Für die Türmchen:**
1 Kugel Büffelmozzarella (125 g)
½ Mango
10 g Pinienkerne
25 g Sprossen
2 EL Arganöl
Meersalz
frisch gemahlener schwarzer Pfeffer

**Für die Grapefruit-Limo:**
Saft von ½ Pink Grapefruit
1 TL Rohrohrzucker
200 ml Sprudelwasser
1 Zweig Rosmarin
2–3 Eiswürfel (optional)

Für die Türmchen den Mozzarella abtropfen lassen und in dünne Scheiben schneiden. Die Mango schälen, die Seite längs abschneiden und das restliche Fruchtfleisch vom Kern trennen. Die Mango in Scheiben schneiden. Die Pinienkerne in einer Pfanne rösten und etwas abkühlen lassen.

Die Mozzarella- und Mangoscheiben abwechselnd stapeln, sodass ein Türmchen entsteht. Sprossen und Pinienkerne darüberstreuen. Mit Arganöl beträufeln und mit Salz und Pfeffer würzen.

Für die Limo den Grapefruitsaft in einem Glas mit dem Zucker verrühren, bis sich der Zucker gelöst hat. Mit Mineralwasser aufgießen. Den Rosmarinzweig abbrausen, trocken tupfen und zugeben. Eiswürfel nach Wunsch zugeben.

**SCHNELL UND EINFACH**

Um die Avocado hat es in den letzten Jahren einen wahren Food-Hype gegeben. Auch ich liebe Avocado-Toast. Wer nicht? Um jedoch etwas Abwechslung auf den Tisch zu bringen, probiere ich immer wieder Varianten dieses Klassikers aus. Einer meiner Favoriten ist die Kombination von Avocado mit einer roten Kidneybohnen-Creme auf buttergeröstetem Landbrot.

# Avocado-Brot

## MIT KIDNEYBOHNEN-CREME

**Für 1 Portion**
½ Knoblauchzehe
100 g rote Kidneybohnen (Dose)
Meersalz
frisch gemahlener schwarzer Pfeffer
2 EL Olivenöl
½ TL Butter
1 Scheibe französisches Landbrot oder Ciabatta
½ Avocado
1 Spritzer Zitronensaft

Die Knoblauchzehe schälen und grob hacken. Den Knoblauch mit Kidneybohnen, Salz, Pfeffer und Olivenöl im Mixer fein pürieren. Die Butter in einer Pfanne bei mittlerer Temperatur schmelzen. Die Brotscheibe zugeben und von beiden Seiten rösten.

Die halbe Avocado schälen, vom Kern befreien und in Streifen schneiden. Das warme Brot mit Bohnencreme bestreichen, darauf die Avocadostreifen legen. Mit Salz und Pfeffer würzen und mit Zitronensaft beträufeln.

**TIPP**

Das Rezept schmeckt natürlich genauso gut mit Vollkornbrot. Auch Tomaten oder ein Spiegelei sind eine schöne Ergänzung.

# Eat good feel good!

### Gesund und leicht

Fitness-Food ist in aller Munde – im wahrsten Sinne des Wortes. Ich finde es auch sinnvoll, mehr darauf zu achten, was beim Essen nicht nur unserer Seele, sondern auch unserem Körper gut tut. Doch manchmal fühlt man sich auch etwas eingeengt und überfordert und hat das Gefühl, man müsse den gesamten Ernährungsplan umstellen, um sich gesund zu ernähren. Dabei ist es nicht schwer, ein paar Gerichte, die nicht nur gesund, sondern auch köstlich sind, in den Speiseplan zu integrieren. Ich habe ein paar Rezepte zusammengestellt, bei denen dieser gesunde Food-Trend Spaß macht, sowohl beim Kochen als auch beim Genießen.

**GESUND UND LEICHT**

Blumenkohl erlebt zurzeit eine Renaissance. Ob Blumenkohlpizza oder Blumenkohlreis – Fans von Fitness-Food sind begeistert von dem klassischen Gemüse. Blumenkohl hat wenig Kalorien, wenig Kohlenhydrate und ist glutenfrei. Darum eignet er sich perfekt als gelegentliche Alternative zum Reis.

# Cauliflower Rice

**Für 2 Portionen**
½ Blumenkohl
½ rote Paprikaschote
1 Möhre
1 Knoblauchzehe
½ Zwiebel
2 kleine Frühlingszwiebeln
2 EL Olivenöl
Salz
frisch gemahlener schwarzer Pfeffer
2 Eier
1 EL Sesamsamen

Den Blumenkohl putzen und in einer Küchenmaschine oder mit der Küchenreibe auf die Größe von Reiskörnern zerkleinern, alternativ mit dem Messer sehr fein hacken. Paprika waschen, von Samen und Scheidewänden befreien und fein würfeln. Möhre, Knoblauchzehe und Zwiebel schälen und fein würfeln. Die Frühlingszwiebeln putzen und in feine Ringe schneiden.

In einer großen Pfanne Zwiebel- und Knoblauchwürfel in Olivenöl andünsten. Blumenkohl, Paprika und Möhre zugeben und mitbraten, bis der Blumenkohl gar, aber bissfest ist. Mit Salz und Pfeffer würzen.

Eine zweite beschichtete Pfanne bei mittlerer Temperatur erhitzen. Die Eier aufschlagen, hineingeben und stocken lassen. Die Spiegeleier salzen.

Den Cauliflower Rice in zwei Schalen füllen, jeweils ein Spiegelei darauflegen und mit Frühlingszwiebeln und Sesam bestreuen.

**TIPP**

Der Blumenkohlreis schmeckt anstatt mit Paprika und Möhre auch mit Erbsen und Brokkoli. Wenn du es etwas cremiger möchtest, kannst du kurz vor dem Servieren Tomatensoße oder Crème fraîche zum Gemüse in die Pfanne geben. Achte in diesem Fall darauf, dass der Blumenkohlreis nicht zu weich wird.

**GESUND UND LEICHT**

„If you like Piña Coladas ..." Ich variiere Thai-Currys je nachdem, worauf ich gerade Lust habe. Wenn es draußen warm ist, bereite ich mein Curry am liebsten mit Ananas zu. Dazu noch etwas Kokosmilch und das Gefühl von Sommer, Sonne und Piña Colada ist perfekt. In einer Ananashälfte serviert, wird daraus auch optisch ein Highlight. Das Curry schmeckt natürlich genauso gut vom Teller.

# Piña Colada Dish

**Für 2 Portionen**
125 g Basmati-Reis
½ frische, rote Chilischote
½ rote Paprikaschote
½ Zwiebel
1 reife Ananas
400 g Hähnchenbrustfilet (alternativ Tofu)
1 EL Kokosöl
2 TL Currypulver
400 ml Kokosmilch
1 EL Limettensaft
Salz
frisch gemahlener schwarzer Pfeffer
1 EL Sesamsamen (optional)

Den Basmati-Reis nach Packungsanleitung in gesalzenem Wasser gar kochen und abgießen. In der Zwischenzeit Chilischote und Paprika von Samen und Scheidewänden befreien. Die Chilischote sehr fein hacken, die Paprika in feine Streifen schneiden. Die Zwiebel schälen und fein würfeln. Die Ananas halbieren, mit einem Messer tief Vierecke in das Fruchtfleisch schneiden und die Stücke mit einem Löffel vom Rand aus herauslösen. Die Hähnchenbrustfilets waschen und in mundgerechte Stücke schneiden.

Das Kokosöl in einer großen Pfanne bei hoher Temperatur erhitzen und die Hähnchenstücke goldbraun anbraten. Die Hitze reduzieren, Chili, Paprika, Zwiebel, Currypulver und die Hälfte der Ananasstücke zugeben und kurz mitbraten. Die Kokosmilch angießen und den Limettensaft zufügen. Mit Salz und Pfeffer würzen und 5 Minuten köcheln lassen.

Den Reis in die ausgehöhlten Ananashälften füllen und das Piña-Colada-Hähnchen darübergeben. Nach Wunsch mit Sesam bestreuen.

**TIPP**
Die restlichen Ananasstücke lassen sich prima einfrieren und später für einen Smoothie verwenden oder noch frisch über das Curry geben.

**GESUND UND LEICHT**

Grüne Smoothies dürfen in diesem Kapitel natürlich nicht fehlen. Der hohe Anteil an Pflanzengrün macht sie zu einem wahren Powerfood. Und es ist praktisch, einfach alle Zutaten zu pürieren. Ich möchte meine Smoothies jedoch auch genießen und gebe deshalb immer eine Banane dazu. So schmeckt auch ein grüner Smoothie wie ein Milkshake. Gurkenhäppchen mit einer Dattel-Frischkäse-Creme harmonieren perfekt mit dem gehaltvollen Health Drink.

# Cucumber Slices
## & GREEN SMOOTHIE

**Für 12 Cucumber Slices**
3 weiche Datteln
2 EL Zitronensaft
150 g Frischkäse
1 EL Currypulver
Salz
1 Salatgurke
50 g Sprossen (z. B. Rote Bete)
2 EL Sesamsamen

**Für 1 Smoothie**
25 g Babyspinat
½ reife Birne
1 Banane

Für die Cucumber Slices die Datteln entsteinen und mit dem Zitronensaft fein pürieren. Frischkäse und Currypulver zugeben, erneut pürieren und mit Salz würzen.

Die Gurke waschen und in einen Zentimeter dicke Scheiben schneiden. Die Hälfte der Scheiben mit Dattelcreme bestreichen und mit den abgebrausten Sprossen belegen. Jeweils eine zweite Gurkenscheibe daraufsetzen und die Cucumber Slices mit Sesamsamen bestreuen.

Für den Green Smoothie den Blattspinat putzen. Die Birne vierteln und das Kerngehäuse entfernen. Die Banane schälen. Spinat, Birne, Banane und 500 Milliliter Wasser in einem Standmixer fein pürieren.

**TIPP**

Für einen eisgekühlten Smoothie einfach eine Handvoll Eiswürfel zum Pürieren mit in den Mixer geben oder die Banane vorher einfrieren.

**GESUND UND LEICHT**

Der Wundertee Matcha hat es nach einigen Anläufen auch in meine Küche geschafft. Nachdem ich zuerst Matcha Latte für mich entdeckt habe, experimentiere ich nun auch gerne beim Kochen mit dem grünen Pulver. Ich finde den grasigen Geschmack vor allem in Kombination mit Kokos einfach köstlich.

# Green Matcha Curry

**Für 2 Portionen**
1 Frühlingszwiebel
½ grüne Paprikaschote
½ Brokkoli (ca. 150 g)
120 g Basmati-Reis
1 EL Kokosöl
100 g Zuckerschoten
100 g Erbsen
200 ml Kokosmilch
1 TL grüne Currypaste
1 TL Matchapulver
Salz

Die Frühlingszwiebel putzen und in feine Ringe schneiden. Die Paprika von Samen und Scheidewänden befreien und fein würfeln. Die Brokkoliröschen vom Strunk trennen und etwas zerkleinern.

Den Brokkoli in einem kleinen Topf in gesalzenem Wasser bissfest kochen. In einem Sieb abtropfen lassen. Den Reis nach Packungsanleitung in gesalzenem Wasser kochen und abgießen.

Das Kokosöl in einer Pfanne bei mittlerer Temperatur erhitzen. Frühlingszwiebel, Paprika, Brokkoli, Zuckerschoten und Erbsen darin anbraten. Mit 50 Milliliter Wasser ablöschen und Kokosmilch, Currypaste und Matcha zugeben. Kurz köcheln lassen und mit Salz würzen.

Zum Servieren den Reis auf zwei Teller verteilen und das Green Matcha Curry darübergeben.

**TIPP**

**Dieses Rezept schmeckt auch mit Hähnchenfleisch, Möhren und Sprossen lecker.**

**GESUND UND LEICHT**

Bei selbst gemachtem Eis am Stiel sind der Kreativität keine Grenzen gesetzt. Vor allem im Sommer verlockt das reichhaltige Angebot an frischen Beeren und anderen Früchten, unterschiedliche Aromakombinationen auszuprobieren. In diesem etwas ausgefalleneren Rezept verbinden sich geröstete Blaubeeren mit Honig und Mango zu leckeren, gesunden und farbenprächtigen Popsicles.

# Popsicles

MIT MANGO UND BLAUBEEREN

**Für 6 Popsicles**
200 g Blaubeeren
50 g Honig
1 reife Mango
2 TL Lucuma-Pulver

**Außerdem:**
6 Stieleisformen

Den Backofen auf 180 °C vorheizen. Die Blaubeeren waschen, in eine Auflaufform geben und mit Honig beträufeln. 15 Minuten im Ofen backen. Die Blaubeeren herausnehmen, in eine Schüssel geben und auskühlen lassen. Anschließend im Mixer pürieren.

Die Mango schälen, das Fruchtfleisch vom Kern lösen und mit dem Lucuma-Pulver im Mixer pürieren. Die Stieleisformen zur Hälfte mit Blaubeerpüree füllen, anschließend mit Mangopüree auffüllen. Mindestens 6 Stunden ins Gefrierfach stellen.

**TIPP**

Kreiere deine eigenen Popsicles mit deinen Lieblingsfrüchten. Einfach pürieren und pur oder mit Kokosmilch, Joghurt oder Fruchtsäften gemischt in die Formen füllen und in das Gefrierfach stellen.

**GESUND UND LEICHT**

Linsen enthalten wie alle Hülsenfrüchte viel Eiweiß und sind supergesund. Die meisten Linsensorten werden beim Kochen jedoch weich und mehlig. Belugalinsen bleiben schön knackig und fest und eignen sich deshalb gut für einen lauwarmen Linsensalat mit herrlich süß-saurem Dressing. Kalt schmeckt der Salat natürlich auch.

# Lauwarmer Linsensalat

**Für 2 Portionen**
**Für den Linsensalat:**
150 g Belugalinsen
1 orangefarbene Paprikaschote
1 Bund Petersilie
50 g ungeschälte Mandeln
1 EL Rohrohrzucker

**Für das Dressing:**
Saft und Abrieb von 1 Bio-Zitrone
50 ml Olivenöl
1 EL Grenadinesirup
Salz
frisch gemahlener schwarzer Pfeffer

Die Linsen in einem Topf mit ca. 300 Milliliter Wasser ohne Salz aufkochen und ca. 30 Minuten köcheln lassen. Abseihen, in eine Schüssel geben und auskühlen lassen.

In der Zwischenzeit die Paprika von Samen und Scheidewänden befreien und in mundgerechte Stücke schneiden. Die Petersilie abbrausen, trocken tupfen und grob hacken. Die Mandeln ebenfalls grob hacken.

Den Rohrohrzucker in einer Pfanne bei niedriger Temperatur karamellisieren. Die Mandeln zufügen, kurz durchschwenken, dann auf Backpapier geben und auskühlen lassen.

Für das Dressing Zitronensaft und -abrieb mit Olivenöl und Grenadinesirup verrühren. Mit Salz und Pfeffer würzen. Die Linsen mit dem Dressing mischen und 30 Minuten ziehen lassen. Mit Salz und Pfeffer abschmecken und mit Paprika, Mandeln und Petersilie servieren.

**GESUND UND LEICHT**

Nicecream ist nicht nur ein Frühstücksglück an warmen Tagen, sondern auch eine fantastische Alternative zu Eiscreme. Sie ist so einfach herzustellen, dass man Lust bekommt, eigene Varianten zu kreieren. Tiefgefrorene Bananen bilden die Basis, die um weitere Früchte und Toppings ergänzt werden kann. Am häufigsten kommt bei mir die Maracuja-Nicecream mit dem schnellen Knusper-Topping auf den Tisch.

# Maracuja-Nicecream

## MIT KNUSPER-TOPPING

**Für 2 Portionen**
4 reife Bananen
30 g Haselnüsse
10 g Sonnenblumenkerne
20 g Kürbiskerne
1 EL feine Haferflocken
2 EL Agavendicksaft
2 Maracujas
Saft und Abrieb von 1 Bio-Orange
2 EL Mandelmus
1 TL gemahlene Vanille

Die Bananen schälen, grob in Stücke schneiden, in einen Gefrierbeutel geben und mindestens 3 Stunden in das Gefrierfach legen.

Die Haselnüsse fein hacken und mit den Sonnenblumenkernen, Kürbiskernen und Haferflocken in einer Pfanne bei mittlerer Temperatur rösten. Den Agavendicksaft zugeben und so lange rühren, bis die gesamte Flüssigkeit verdampft ist. Die Masse in eine Schüssel geben und auskühlen lassen.

Die Maracujas halbieren und das Fruchtfleisch mit einem Teelöffel herausschaben. Die Hälfte des Fruchtfleischs in einen Standmixer geben. Orangensaft und -abrieb, Mandelmus, Vanille und die gefrorenen Bananen zugeben und so lange pürieren, bis ein cremiges Eis entsteht. Die Nicecream auf Schüsseln verteilen und mit dem restlichen Fruchtfleisch der Maracuja und dem Knusper-Topping bestreuen.

**TIPP**

**Falls das Knusper-Topping nicht streufähig ist, einfach kurz in den Mixer geben.**

**GESUND UND LEICHT**

Ich liebe Ramen, obwohl ich eigentlich kein Suppenfan bin. Aber diese Suppe hat irgendwie Seele. Wer die Hühnerbrühe nicht selbst machen möchte, kann auch eine hochwertige fertige Hühner- oder Gemüsebrühe verwenden.

# Tantan Ramen

**Für 4 Portionen**

**Für die Hühnerbrühe:**
1 Lauchstange
1 Zwiebel
3 Knoblauchzehen
3 Möhren
1 Stück Ingwer (8 cm)
1 Suppenhuhn

**Für die marinierten Eier:**
2 Eier
1 Stück Ingwer (2 cm)
1 Knoblauchzehe
100 ml Sojasoße
1 TL Zucker

**Für die Einlage:**
1 Stück Ingwer (2 cm)
1 Knoblauchzehe
400 g Schweinehackfleisch
2 EL Rapsöl
6 EL Sojasoße
2 TL Zucker
300 g Ramen-Nudeln
2 Pak Choi
1 Frühlingszwiebel
4 EL Sesampaste (alternativ Tahini)
4 EL Chili-Öl plus etwas zum Beträufeln
1 EL Sesamsamen

Für die Hühnerbrühe das Gemüse putzen und grob in Stücke schneiden. 2 Liter Wasser in einem großen Topf mit dem Gemüse aufkochen. Das Suppenhuhn waschen und 4 Stunden mit leicht geöffnetem Deckel bei geringer Hitze in der Brühe köcheln. Das Suppenhuhn herausnehmen. Die Brühe durch ein feines Sieb gießen.

Die Eier 6 Minuten kochen und mit kaltem Wasser abschrecken. Ingwer und Knoblauch schälen, mit dem Messer zerdrücken und mit Sojasoße, Zucker, Ingwer, Knoblauch und 100 Milliliter Wasser in einem großen Glas vermengen. Die Eier pellen und zugeben.

Für die Einlage Ingwer und Knoblauch schälen und fein hacken. Das Hackfleisch in Öl in einer Pfanne scharf anbraten, Knoblauch und Ingwer zugeben und mitbraten. Vier Esslöffel Sojasoße mit dem Zucker verrühren und das Hackfleisch damit ablöschen. Weiterbraten, bis die Flüssigkeit verdampft ist.

Die Nudeln in einem Topf in gesalzenem Wasser nach Packungsanleitung gar kochen. Den Pak Choi waschen und kurz vor Ende der Garzeit ins Nudelwasser geben. Nudeln und Pak Choi abgießen. Für das Topping die Frühlingszwiebel putzen und in feine Ringe schneiden.

Die Sesampaste mit dem Chiliöl vermengen und auf vier Schüsseln verteilen. Die heiße Brühe darübergießen. Nudeln und Pak Choi auf die Schüsseln verteilen. Die Eier halbieren und in die Suppe legen. Hackfleisch, Frühlingszwiebeln und Sesamsamen darüberstreuen. Mit Chili-Öl nach Geschmack beträufeln.

**GESUND UND LEICHT**

Als gesündere Alternative zu Pasta sind Zoodles ein absolutes Trendfood. Die kalorien- und kohlenhydratarmen Zucchini-Nudeln lassen sich wie herkömmliche Spaghetti verwenden und mit fast jeder Soße kombinieren. Wie wäre es mit einer veganen „Carbonara", die jedoch nicht weniger würzig und cremig ist?

# Zoodles Carbonara

**Für 2 Portionen**
2 Zucchini
1 Zwiebel
1 Knoblauchzehe
1 Bund glatte Petersilie
100 g Räuchertofu
2 EL Olivenöl
200 ml Gemüsebrühe
50 g Mandelmus
1 EL Zitronensaft
Salz
frisch gemahlener schwarzer Pfeffer

**Außerdem:**
Spiralschneider

Die Zucchini putzen und mit dem Spiralschneider in feine Spaghetti schneiden. Zwiebel und Knoblauchzehe schälen und fein hacken. Die Petersilie abbrausen, trocken tupfen und mit einer Küchenschere grob zerschneiden. Den Räuchertofu gegebenenfalls trocken tupfen und in mundgerechte Stücke schneiden.

Die Tofu-Stücke in einer Pfanne in Olivenöl knusprig anbraten. Zwiebeln und Knoblauch zufügen und anschwitzen. Mit Gemüsebrühe ablöschen, anschließend Mandelmus und Zitronensaft zugeben. Mit Salz und Pfeffer kräftig würzen. Die Zoodles in die Pfanne geben und 5 Minuten in der Soße köcheln lassen. Mit Salz und Pfeffer abschmecken. Die Zoodles auf zwei Teller verteilen. Die Petersilie über die Zoodles streuen.

**GESUND UND LEICHT**

Grünkohl ist bei uns in Deutschland ein typisches Winteressen. In vielen anderen Ländern wie zum Beispiel Australien wird „kale" hingegen das ganze Jahr gegessen, am liebsten als Salat. Bei der Kombination der beiden Trendfoods Kale und Quinoa ist ein Healthy Foodie im siebten Himmel. Aber es schmeckt auch wirklich lecker und tut gut!

# Kale & Quinoa Salad

**Für 4 Portionen**
**Für den Salat:**
400 g junger Grünkohl
200 g Quinoa
1 Granatapfel

**Für das Dressing:**
100 ml Orangensaft
1 EL Senf
1 TL Honig
100 ml Olivenöl
50 ml Apfelessig
Salz
frisch gemahlener schwarzer Pfeffer

Den Grünkohl waschen und harte Stiele entfernen. Die Quinoa nach Packungsanleitung in einem großen Topf mit gesalzenem Wasser kochen und abgießen. Den Granatapfel halbieren und die Kerne mit der Hand unter fließendem Wasser aus der Schale lösen. Die Granatapfelkerne mit Quinoa und Grünkohl in einer großen Schüssel mischen.

Für das Dressing alle Zutaten in einem hohen Gefäß mit dem Stabmixer pürieren. Mit Salz und Pfeffer würzen. Das Dressing mit dem Salat vermischen.

**GESUND UND LEICHT**

Chia-Samen sind reich an Nährstoffen und haben eine starke Quelleigenschaft. Sie eignen sich daher besonders gut für Cremes und Puddings. In diesem Rezept verfeinere ich die Creme mit Beeren und Mandeln.

# Chia-Beeren-Creme

**Für 2 Portionen**
200 g gemischte Beeren
3 EL Chia-Samen
200 ml Mandelmilch
Ahornsirup nach Geschmack
½ TL gemahlene Vanille
1 EL gehackte Mandeln

**Außerdem:**
2 Gläser (ca. 250 ml Inhalt)

Die Beeren waschen und verlesen. Die Chia-Samen in einer Schüssel mit dem Schneebesen mit Mandelmilch, Ahornsirup und Vanille verrühren und ca. 15 Minuten (für eine sehr feste Konsistenz länger) quellen lassen. Die Hälfte der Masse in einer Schüssel mit der Hälfte der Beeren mischen, dabei die Früchte mit einer Gabel grob zerdrücken. Die restlichen Beeren in Stücke schneiden oder ganz lassen.

Die Beeren-Chia-Mischung auf die Gläser verteilen. Einen Teil der geschnittenen Beeren darübergeben. Die helle Chia-Mischung darauf verteilen und mit den restlichen Früchten dekorieren. Zum Schluss die Mandeln darüberstreuen.

**TIPP**

Mit 3 Teelöffeln Kakaopulver wird aus dem Rezept eine leckere Schokocreme. Eine feinere Konsistenz bekommt sie, wenn du die Chia-Samen mit der Mandelmilch 5 Minuten im Mixer pürierst und dann quellen lässt.

**GESUND UND LEICHT**

Sie sind die kohlenhydratärmere Alternative zu Pommes frites – Möhren-Sticks. Versionen dieses Rezepts sind ein Klassiker auf vielen Foodblogs. Mit unterschiedlichen Gewürzen und Kräutern kann man die Gemüsestäbchen herrlich verfeinern. Die perfekte Ergänzung zu den süßlich-würzigen Sticks ist ein frischer Joghurt-Dip.

# Möhren-Sticks

## MIT JOGHURT-DIP

**Für 2 Portionen**
**Für die Möhren-Sticks:**
3 große Möhren
1 TL gehackte glatte Petersilie
1 TL gehackter Thymian
1 EL Olivenöl
1 TL Speisestärke
20 g geriebener Parmesan
2 TL Knoblauchpulver
1 TL Fleur de Sel
1 TL frisch gemahlener schwarzer Pfeffer

**Für den Dip:**
3 EL Naturjoghurt (3,8 %)
2 TL Zitronensaft
½ TL gehackte glatte Petersilie
Salz
frisch gemahlener schwarzer Pfeffer

Den Backofen auf 200 °C vorheizen. Für die Sticks die Möhren putzen und längs vierteln. Möhren mit Kräutern, Olivenöl, Speisestärke, Parmesan, Knoblauchpulver, Salz und Pfeffer in einen Gefrierbeutel geben. Den Beutel verschließen und schütteln, damit sich alle Zutaten gut vermischen. Ein Backblech mit Backpapier auslegen. Die Sticks daraufverteilen und 15–20 Minuten backen.

In der Zwischenzeit für den Dip Joghurt, Zitronensaft und Petersilie in einer Schüssel verrühren und mit Salz und Pfeffer würzen. Die Sticks mit dem Dip servieren.

# I love
# my
# lunchbox.

**Auf und davon**

Der Meal-Prep-Trend ist spannend, aber bei aller Disziplin auch schwer durchzuhalten. Wer hat schon die Muße jeden Sonntag für die ganze Woche vorzukochen. Und wer hat dann Lust, jeden Tag das Gleiche zu essen oder lange Zeit vorher entscheiden zu müssen, was man an welchem Tag isst. Hat man jedoch einmal den Dreh raus, sich kleine Mahlzeiten ohne aufwendige Planung vorzubereiten, liebt man seine Lunch Box wirklich! Ich habe ein paar Rezeptideen für eine entspannte Mittagspause oder für Pausensnacks zusammengestellt, die du einfach am Abend vorher zubereiten und auch nach Wunsch variieren kannst. Lass dich inspirieren!

**AUF UND DAVON**

Süß oder herzhaft? Wenn du nicht weißt, worauf du Lust hast, bieten dir diese Wrap-Happen zwei leckere Alternativen. Ob süß mit Erdnussmus und Obst oder deftig mit Süßkartoffeln und Hummus. Anstatt Erdnussmus kannst du auch andere Aufstriche verwenden. Oder du probierst Avocadostreifen anstelle der Süßkartoffel aus.

# Wrap-Happen

**Für jeweils 1 Portion**
**Für die süßen Wrap-Happen:**
1 Tortilla
25 g Erdnussmus
1 reife Banane

**Für die herzhaften Wrap-Happen:**
½ Süßkartoffel
½ rote Paprikaschote
¼ Zucchini
25 ml Rapsöl plus 1 EL zum Braten
2 TL Harissa
Salz
1 Tortilla

Für die süßen Wrap-Happen die Tortilla in der Mikrowelle 20 Sekunden erhitzen. Die warme Tortilla mit Erdnussmus bestreichen. Die Banane schälen und im unteren Drittel mittig auf die Tortilla legen. Von einer Seite aufrollen und in fünf Zentimeter breite Stücke schneiden.

Für die herzhaften Wrap-Happen die Süßkartoffel schälen und in Streifen schneiden. In gesalzenem Wasser weich kochen. In der Zwischenzeit die Paprika von Samen und Scheidewänden befreien und in Streifen schneiden. Die Zucchini grob in Stücke schneiden.

Zucchini und Paprika in einer Pfanne in Öl bei mittlerer Temperatur anbraten. Anschließend Zucchini, Paprika, Öl und Harissa pürieren. Mit Salz würzen.

Die Tortilla 20 Sekunden in der Mikrowelle erwärmen und mit der Creme bestreichen. Die Süßkartoffelstreifen im unteren Drittel mittig auf die Tortilla legen. Von einer Seite aufrollen und in fünf Zentimeter breite Stücke schneiden.

Selbst gebackenes Brot ist ein Hochgenuss. Dieses Fladenbrot schmeckt auch noch am nächsten Tag saftig und köstlich. Der Pink Hummus passt nicht nur geschmacklich perfekt zum Gemüsefladen, sondern verwöhnt auch das Auge mit einem knalligen Farbklecks.

# Veggie Flatbread

## & PINK HUMMUS

**Für 1 Portion**
**Für das Pink Hummus:**
50 g Kichererbsen (Dose)
1 EL Olivenöl
1 EL Rote-Bete-Saft
Abrieb und Saft von ½ Zitrone
1 TL Tahini
1 Knoblauchzehe
Salz

**Für das Veggie Flatbread:**
125 g Dinkel- oder Weizenmehl
60 g lauwarmes Wasser
5 g Hefe
½ TL Salz
½ TL Zucker
1 EL Olivenöl plus 2 EL für das Blech

**Für den Belag:**
½ gelbe Paprikaschote
1 rote Zwiebel
½ Zucchini
100 g Kirschtomaten
1 Stängel Rosmarin
1 EL Olivenöl
1 TL grobes Meersalz

Für das Hummus alle Zutaten zu einem cremigen Dip pürieren. Mit Salz würzen.

Für das Flatbread alle Zutaten in einer Schüssel in 6 Minuten zu einem elastischen Teig verkneten. Mit einem Küchenhandtuch abdecken und den Teig bei Raumtemperatur 30 Minuten gehen lassen.

Den Backofen auf 180 °C vorheizen. In der Zwischenzeit für den Belag die Paprika von Samen und Scheidewänden befreien. Die Zwiebel schälen und halbieren. Paprika, Zwiebel und Zucchini in feine Scheiben schneiden. Die Kirschtomaten vom Stielansatz befreien und halbieren. Den Rosmarin abbrausen, trocken tupfen und die Blätter abzupfen. Alles in einer Schüssel mit dem Olivenöl vermengen.

Gleichmäßig Olivenöl auf einem Backblech verteilen. Den Teig auf dem Blech einen halben Zentimeter dünn ausrollen. Das Gemüse auf dem Teig verteilen. Meersalz darüberstreuen. 20–25 Minuten backen. Das Flatbread warm mit Pink Hummus genießen.

Kalter Reis mit Gemüse klingt zunächst einmal nicht so spannend. Dieser Reissalat mit Zuckerschoten, Paprika und würzigem Asia-Dressing überzeugt dich jedoch sicherlich sofort. Die Zutatenliste ist zwar ein wenig länger, aber die Zubereitung lohnt sich!

# Brown Rice Salad

**Für 1 Portion**
**Für den Salat:**
50 g Rundkorn-Naturreis
½ TL gekörnte Gemüsebrühe
½ rote Paprikaschote
¼ rote Zwiebel
10 Zuckerschoten

**Für das Dressing:**
1 Stück Ingwer (1 cm)
1 TL Sojasoße
½ TL Reisessig
½ TL Limettensaft
1 TL Rapsöl
½ TL Sesamöl
1 Msp. Wasabipaste
1 TL Agavendicksaft
Salz
frisch gemahlener schwarzer Pfeffer

Für den Salat den Reis in einem Topf mit 100 Milliliter Wasser und Gemüsebrühe nach Packungsanleitung gar kochen. In der Zwischenzeit die Paprika von Samen und Scheidewänden befreien und in mundgerechte Stücke schneiden. Die Zwiebel schälen und fein hacken.

Für das Dressing den Ingwer schälen und mit Sojasoße, Reisessig, Limettensaft, Rapsöl, Sesamöl, Wasabipaste und Agavendicksaft pürieren. Mit Salz und Pfeffer würzen.

Den Reis abgießen und abtropfen lassen. Warm mit Zuckerschoten, Paprika, Zwiebel und Dressing in eine Schüssel geben, kräftig umrühren und mit Salz und Pfeffer abschmecken. Abkühlen lassen und genießen.

Der „Healthy Snack" der Foodie-Szene. Mit einem Mixer sind die Raw Bites einfach zuzubereiten und geschmacklich sehr variabel. Mein Lieblingsrezept besteht aus gerösteten und karamellisierten Kakao-Nibs, Mandeln und Datteln.

# Raw Chocolate Bites

**Für ca. 12 Kugeln**
50 g Kakao-Nibs
2 EL Zucker
200 g geschälte Mandeln
24 Datteln, entsteint
4 TL Kakaopulver plus 3 TL zum Ummanteln

Die Kakao-Nibs in einer Pfanne bei hoher Temperatur rösten. Den Zucker zugeben, karamellisieren lassen und mit den Kakao-Nibs vermengen. In eine Schüssel füllen und abkühlen lassen.

Die Mandeln in derselben Pfanne rösten und etwas abkühlen lassen. Im Standmixer fein mahlen, bis keine Stücke mehr zu sehen sind. Die Datteln mit dem Kakao zu den Mandeln geben und mindestens 5 Minuten fein pürieren, bis sich etwas Öl absetzt. Die Masse in einer Schüssel mit den Kakao-Nibs verkneten und zu mundgerechten Kugeln formen. Die Kugeln in der Schüssel mit Kakao bestreuen und vorsichtig darin wälzen, bis sie komplett mit Kakaopulver ummantelt sind.

**TIPP**

Anstelle von Mandeln kannst du auch Cashewkerne oder andere Nüsse verwenden. Wenn du keine Datteln zur Hand hast, nimmst du beliebige andere Trockenfrüchte. Probiere das Rezept ohne Kakao und verwende stattdessen etwas Zimt oder gemahlene Vanille.

Overnight Oats sind vor allem als Frühstück beliebt. Haferflocken werden mit Früchten über Nacht eingeweicht und zum Frühstück genossen. Overnight Oats sind reich an komplexen Kohlenhydraten, wertvollen Vitaminen und Mineralstoffen. Im Schraubglas für unterwegs schmeckt dieses Rezept mit Pistazien und Blaubeeren genauso gut als leichter Mittagssnack.

# Overnight Oats

## MIT PISTAZIEN UND BLAUBEEREN

**Für 1 Portion**
**Für das Blaubeerkompott:**
50 g Blaubeeren
1 TL Rohrohrzucker

**Für die Overnight Oats:**
20 g Pistazien
100 ml Mandelmilch
1 TL Rohrohrzucker
30 g Haferflocken

**Außerdem:**
50 g Blaubeeren
1 EL gehackte Pistazien
1 großes Glas mit Schraubverschluss (ca. 300 ml Inhalt)

Für das Kompott Blaubeeren und Zucker pürieren, ggf. einen Esslöffel Wasser zufügen, dann geht es leichter.

Für die Overnight Oats die Pistazien mit Mandelmilch und Zucker fein pürieren. Mit den Haferflocken in einer Schüssel mischen und kurz ziehen lassen.

Die restlichen Blaubeeren in das Glas geben, dabei einen Esslöffel zurückhalten. Anschließend abwechselnd Haferflocken-Masse und Blaubeerkompott in das Glas schichten, mit Haferflocken-Masse enden. Mit einem Esslöffel Blaubeeren und gehackten Pistazien dekorieren. Das Glas mit dem Schraubdeckel verschließen und über Nacht im Kühlschrank ziehen lassen.

Manchmal genügt mir eine Stulle zum Mittagessen. Zumal, wenn es sich um ein köstliches Pastrami-Sandwich mit Birne, Gorgonzola und selbst gemachter Honig-Senf-Soße handelt. Der New Yorker Klassiker schmeckt mir so am besten.

# Pastrami-Sandwich

## MIT HONIG-SENF-SOSSE

**Für 1 Sandwich**
**Für die Honig-Senf-Soße:**
½ TL Dillspitzen
1 TL Senf
1 TL Honig
1 EL neutrales Speiseöl
½ TL Apfelessig
Salz
frisch gemahlener schwarzer Pfeffer

**Für den Belag:**
200 g Pastrami-Scheiben
3 dünne Birnenscheiben
2 Scheiben rustikales Weißbrot
3 TL Löffelgorgonzola

Für die Honig-Senf-Soße Dillspitzen, Senf, Honig, Öl und Essig pürieren. Mit Salz und Pfeffer würzen.

Die Pastrami-Scheiben in einer Pfanne bei hoher Hitze kurz erwärmen. Nach Wunsch auch das Weißbrot in der Pfanne leicht rösten. Den Löffelgorgonzola, die Pastrami-Scheiben und die Birnenscheiben auf einer Scheibe Weißbrot verteilen. Die Honig-Senf-Soße darübergeben und die zweite Brotscheibe darauflegen.

Bei dieser pikanten Suppe treffen die Aromen von Süßkartoffeln, würziger Kurkuma, Kokosmilch und cremigem Cashewtopping aufeinander. Vor allem an kalten Tagen freue ich mich über diese von innen wärmende Suppe.

# Süßkartoffel-Kurkuma-Suppe

**Für 2 Portionen**

**Für das Topping:**
25 g Cashewkerne
Salz
frisch gemahlener schwarzer Pfeffer

**Für die Suppe:**
½ Zwiebel
1 kleine Süßkartoffel
2 EL Olivenöl
300 ml Gemüsebrühe
50 ml Orangensaft
100 ml Kokosmilch
½ TL Zimt
1 TL gemahlene Kurkuma
Salz
frisch gemahlener schwarzer Pfeffer
1 Zweig Thymian

Für das Topping die Cashewkerne in einer kleinen Schüssel mit Wasser ca. 30 Minuten ziehen lassen. Abgießen und mit 100 Milliliter frischem Wasser pürieren. Mit Salz und Pfeffer würzen.

Für die Suppe die Zwiebel schälen und fein würfeln. Die Süßkartoffel schälen und grob in Stücke schneiden. Öl in einem großen Topf bei mittlerer Temperatur erhitzen und die Zwiebelwürfel sowie die Süßkartoffelstücke darin anschwitzen. Mit Gemüsebrühe ablöschen. Aufkochen, den Orangensaft zugeben und 20 Minuten köcheln lassen. Die Kokosmilch zufügen und die Suppe mit dem Stabmixer pürieren. Mit Zimt, Kurkuma, Salz und Pfeffer würzen.

Den Thymian abbrausen, trocken tupfen und die Blätter abzupfen. Einen Löffel Cashewcreme auf die Suppe geben und die Thymianblätter darüberstreuen.

**TIPP**

Die Suppe kannst du in ein Glas mit Schraubverschluss füllen und über Nacht in den Kühlschrank stellen. Am nächsten Tag in der Mikrowelle aufgewärmt wird daraus eine köstliche Mittagsmahlzeit.

Eine Freundin hat mich neulich auf die Idee gebracht, Polenta in Streifen zu schneiden, anzubraten und am nächsten Tag kalt zu genießen. Mir schmecken die Sticks so besonders gut mit einem süß-scharfen Chutney. Aber auch warm zu Gemüse oder einem Salat sind sie köstlich.

# Polenta-Stäbchen

MIT JOHANNISBEER-CHUTNEY

**Für 1 Portion**
**Für das Johannisbeer-Chutney:**
100 g Johannisbeerkonfitüre
1 TL Apfelessig
½ TL Chiliflocken
Salz
frisch gemahlener schwarzer Pfeffer

**Für die Polenta-Sticks:**
½ Zweig Thymian
½ Zweig Rosmarin
300 ml Gemüsebrühe
60 g Maisgrieß für Polenta
25 g geriebener Parmesan
Salz
frisch gemahlener schwarzer Pfeffer
2 EL Rapsöl

Für das Chutney die Konfitüre in einer Schüssel mit dem Essig verrühren. Mit Chiliflocken, Salz und Pfeffer würzen.

Für die Polenta-Sticks Thymian und Rosmarin abbrausen und trocken tupfen. Die Blätter abzupfen und fein hacken. Die Brühe in einem Topf aufkochen. Den Maisgrieß in die kochende Brühe geben und unter Rühren bei niedriger Temperatur köcheln, bis die Polenta die Flüssigkeit aufgenommen hat und dicklich ist. Die gehackten Kräuter und den Parmesan zugeben und mit Salz und Pfeffer würzen. Die Polenta in eine Auflaufform füllen und mindestens 15 Minuten im Kühlschrank abkühlen lassen.

Die feste Polenta in mundgerechte Streifen schneiden und in Öl in einer Pfanne bei mittlerer Temperatur anbraten. Warm oder kalt mit dem Johannisbeer-Chutney servieren.

**AUF UND DAVON**

Salate, die sowohl warm als auch kalt gegessen werden können, sind ideale Lunch-Gerichte. Man kann sie am Tag zuvor vorbereiten und in der Mittagspause kurz in der Mikrowelle aufwärmen oder einfach kalt genießen. Türkischer Kisir aus Bulgur mit Paprika und feinem Minze- und Zitronenaroma ist so ein Salat.

# Kisir

**Für 1 Portion**
1 rote Zwiebel
3 EL Olivenöl
1 TL Tomatenmark
60 g Bulgur
½ rote Paprikaschote
1 Stängel Minze
1 EL Zitronensaft
süßes Paprikapulver
Salz
frisch gemahlener schwarzer Pfeffer
1 Handvoll entsteinte Oliven

Die Zwiebel schälen und fein würfeln. In einem Topf in Olivenöl anschwitzen. Tomatenmark und Bulgur zugeben und kurz mitbraten. Mit 130 Milliliter Wasser ablöschen und den Topf vom Herd nehmen. Den Bulgur 5–10 Minuten quellen lassen, ohne umzurühren. Wenn der Bulgur die Flüssigkeit aufgesaugt hat, aber noch hart ist, etwas kochendes Wasser zufügen.

In der Zwischenzeit die Paprika von Samen und Scheidewänden befreien und in kleine Stücke schneiden. Die Minze abbrausen, trocken tupfen und die Blätter fein hacken.

Paprika, Minze, Zitronensaft und Bulgur in einer Schüssel vermengen und mit Paprikapulver, Salz und Pfeffer würzen. 30 Minuten ziehen lassen und dann nochmals abschmecken. Zum Schluss die Oliven unterheben.

**TIPP**

Den Salat kannst du auch mit einem Gemüse deiner Wahl zubereiten oder mit frischen Blattsalaten kombinieren.

# Better an oops than a what if!

**Süß und fettig**

In diesem Kapitel wird es schlimm. Schlimm lecker! Für die folgenden Rezepte übernehme ich keine Verantwortung. Wir waren außer Kontrolle und wir hatten viel Spaß! Was ist schon dabei, sich von Zeit zu Zeit mal etwas Fettiges oder Süßes zu gönnen oder einen dieser „tasty" Trends auszuprobieren, die größtenteils natürlich aus den USA kommen. Ich weiß, es sollte nicht allzu oft passieren …
But who am I to judge?

## SÜSS UND FETTIG

Bei „sweet & sticky" läuft einem doch schon das Wasser im Mund zusammen. Die typisch asiatische Kombination aus scharf und süß passt hervorragend zu den frittierten Rumpsteakstreifen. Entdeckt habe ich das Gericht in einem fantastischen asiatischen Restaurant in Holland.

# Sweet & Sticky Chili Beef

**Für 2 Portionen**

**Für die Chilisoße:**
200 ml Orangensaft
2 EL Zitronensaft
3 EL Rohrohrzucker
1 TL Chiliflocken
5 EL Sojasoße
1 EL Sesamöl

**Für das Chili Beef:**
1 grüne Paprikaschote
2 Frühlingszwiebeln
3 Stücke eingelegter Ingwer
400 g Rumpsteak (alternativ Soja-Schnetzel, eingeweicht)
5 EL Maismehl
100 ml Erdnussöl oder Rapsöl plus etwas zum Anbraten

**Außerdem:**
120 g Parboiled Reis
2 EL Sesamsamen

Für die Chilisoße alle Zutaten und 2 Esslöffel Wasser in einem Topf 15–20 Minuten kochen, bis die Soße dickflüssig ist.

In der Zwischenzeit für das Chili Beef die Paprika und die Frühlingszwiebeln waschen. Die Paprika von Samen und Scheidewänden befreien und fein würfeln. Frühlingszwiebeln und Ingwer fein hacken. Das Rumpsteak in Streifen schneiden. Die Streifen in Maismehl wenden. Das Öl in einer Pfanne bei hoher Temperatur erhitzen. Die Rumpsteakstreifen darin knusprig frittieren, herausnehmen und kurz auf Küchenpapier abtropfen lassen. Das Gemüse in einer zweiten Pfanne in etwas Öl anbraten.

Den Reis in einem Topf mit gesalzenem Wasser nach Packungsanleitung gar kochen. Fleisch und Soße zum Gemüse geben und vermischen. Das Chili Beef mit Reis anrichten und mit Sesamsamen bestreuen.

**SÜSS UND FETTIG**

Der traumhafte Möhrenkuchen verführt dich mit seinem saftigen Teig und dem cremigen Frischkäse-Frosting. Das Beeren-Topping sieht nicht nur spektakulär aus, sondern ergänzt die Leckerei durch fruchtige Aromen. Der Kuchen schmeckt am besten, wenn du ihn am Vortag zubereitest und über Nacht in den Kühlschrank stellst.

# Carrot Cake

**Für den Teig:**
300 g geschälte Möhren
1 EL Zitronensaft
3 Eier (Größe L)
300 g brauner Zucker
1 Prise Salz
80 g Mehl (Type 550)
2 g Backpulver
300 g gemahlene Mandeln
1 TL Zimt
80 g flüssige Butter
60 g gehackte Walnüsse

**Für das Frosting:**
400 g Frischkäse (Doppelrahmstufe), zimmerwarm
100–150 g Puderzucker
200 Crème double

**Außerdem:**
2 Springformen (ø 15 cm)
200 g gemischte Beeren

Den Backofen auf 175 °C vorheizen. Für den Teig die Möhren nicht zu fein reiben und anschließend mit Zitronensaft mischen. Eier mit Zucker und Salz mit den Rührbesen des Handrührgeräts schaumig und hellgelb aufschlagen. Mehl mit Backpulver, Mandeln, Zimt und Möhren vermengen und vorsichtig unter die Eimasse heben. Zum Schluss Butter und Walnüsse untermengen.

Den Teig auf zwei mit Backpapier ausgekleidete Springformen verteilen und 45–50 Minuten backen, dabei die Ofentür während der ersten 20 Minuten einen Spalt offen lassen. Gegen Ende der Backzeit ggf. eine Garprobe machen. Auskühlen lassen.

Für das Frosting Frischkäse und Puderzucker in einer Schüssel glatt rühren. Anschließend die Crème double unterrühren. Einen Kuchen mit der Hälfte des Frostings bestreichen. Den zweiten Kuchen daraufsetzen und mit dem restlichen Frosting rundherum einstreichen. Die Beeren waschen, verlesen und vor dem Servieren auf dem Kuchen verteilen.

**SÜSS UND FETTIG**

Um diese Brownies werden sich deine Gäste streiten – nicht nur, weil sie mächtig schokoladig schmecken, sondern auch wegen der himmlischen Karamellsoße.

# Brownies

## MIT DULCE DE LECHE

**Für 8 Brownies**
375 g Butter plus
1 EL für die Form
375 g fein gehackte
Zartbitterschokolade
495 g Zucker
6 Eier (Größe M)
225 g Weizenmehl

**Außerdem:**
Auflaufform, 18 x 25 cm
200 g Dulche de Leche
(Fertigprodukt)
2 Prisen Fleur de Sel

Den Backofen auf 180 °C vorheizen. Die Butter in einem großen Topf bei niedriger Temperatur zerlassen. Die Schokolade zugeben und unter Rühren schmelzen. Den Topf vom Herd nehmen und die Masse etwas abkühlen lassen. Den Zucker unterrühren, bis er sich aufgelöst hat. Die Eier mit dem Schneebesen einrühren. Zum Schluss das Mehl zugeben und den Teig mit dem Schneebesen glatt rühren.

Die Auflaufform fetten und mit Backpapier auskleiden. Den Teig einfüllen und ca. 35 Minuten backen. Die Brownies mindestens 8 Stunden, am besten über Nacht, in der Form auskühlen lassen.

Die Brownies zum Servieren in Rechtecke schneiden. Die Dulce de Leche in eine Schüssel füllen und kurz in der Mikrowelle flüssig erhitzen. Die Brownies mit der Soße beträufeln und mit Fleur de Sel bestreuen.

**SÜSS UND FETTIG**

„Macaroni and Cheese" gehört zu den Lieblingsgerichten vieler Amerikaner. Kein Wunder, die Nudel-Käse-Sünde ist schnell zubereitet und stillt die Lust auf etwas Fettiges. Ganz nebenbei schmeckt sie auch noch köstlich.

# Real Mac & Cheese

**Für 2 Portionen**
200 g Makkaroni
1 Bund glatte Petersilie
20 g Butter
2 EL Mehl
300 ml Milch
100 g geriebener Cheddar oder Käse nach Wahl
½ TL Zucker
Salz
frisch gemahlener schwarzer Pfeffer

Die Makkaroni nach Packungsanleitung in einem Topf mit gesalzenem Wasser kochen. Die Petersilie abbrausen, trocken tupfen, die Blätter abzupfen und fein hacken.

Die Butter in einem Topf bei mittlerer Temperatur schmelzen. Das Mehl einrühren, kurz rösten und mit Milch ablöschen. Kurz aufkochen und anschließend den Käse zugeben. Mit Zucker, Salz und Pfeffer würzen.

Die Makkaroni abgießen und sofort mit der Käsesoße mischen. Auf zwei Schüsseln verteilen und mit Petersilie bestreuen.

SÜSS UND FETTIG

Scones werden in England traditionell zur Teatime gereicht. Dieses Rezept verwandelt die krustenlosen Brötchen in fruchtige Brombeerschnecken. Mit Zuckerguss verziert überzeugt das saftige Gebäck sicher auch traditionsbewusste Briten.

# Swirled Blackberry Scones

**Für 7 Scones**

**Für den Teig:**
400 g Weizen- oder Dinkelmehl plus 2 EL für die Arbeitsfläche
50 g Zucker
1 TL Backpulver
½ TL Salz
175 g kalte Butter
1 Ei
175 ml Buttermilch

**Für die Füllung:**
200 g Brombeerkonfitüre

**Für den Guss:**
100 g Puderzucker
2 EL Hagelzucker

**Außerdem:**
beschichtete Auflaufform, 18 x 25 cm

Mehl, Zucker, Backpulver und Salz in einer Schüssel vermischen. Die Butter in kleinen Stückchen mit den Händen unterkneten, sodass ein feinkrümeliger Teig entsteht. Das Ei zugeben und mit einem elektrischen Knethaken weiterkneten. Nach und nach die Buttermilch unterkneten. Den Teig in Frischhaltefolie gewickelt mindestens 2 Stunden kalt stellen.

Den Backofen auf 175 °C vorheizen. Den Teig auf der bemehlten Arbeitsfläche mit dem Nudelholz etwa einen Zentimeter dick rechteckig (30 x 40 cm) ausrollen. Die Konfitüre gleichmäßig mit zwei Zentimetern Abstand zu den Rändern auf dem Teig verteilen. Von einer langen Seite aufrollen. Die Rolle in fünf Zentimeter breite Streifen schneiden. Die Schnecken mit zwei Zentimetern Abstand zueinander in die Auflaufform legen und 25 Minuten backen. Herausnehmen und 15 Minuten abkühlen lassen.

Für den Guss Puderzucker mit 10 Milliliter Wasser glatt rühren und über die warmen Scones geben. Mit Hagelzucker bestreuen.

**SÜSS UND FETTIG**

Diese kleinen Baiser-Wölkchen sehen leicht und luftig aus, sind aber eine wahrhaftige Sünde. Egal – sie tun der Seele gut und bringen deinen Gästen den Himmel ein Stück näher.

# Mini-Pavlova

## MIT BEEREN

**Für 4–6 Pavlovas**
2 Eiweiß, zimmerwarm
1 Prise Salz
100 g Zucker plus 1 EL für die Sahne
½ TL Speisestärke
100 g gemischte Beeren
100 ml Sahne
100 g Quark
2 EL Milch
1 Msp. gemahlene Vanille

Den Backofen auf 140 °C vorheizen. Die Eiweiße in einer Schüssel mit dem Salz steif schlagen. Langsam den Zucker einrieseln lassen und weiterschlagen, bis sich der Zucker gelöst hat. Zum Schluss die Speisestärke unterrühren.

Ein Backblech mit Backpapier auslegen und den Eischnee in 4–6 faustgroßen Häufchen daraufverteilen. Die Häufchen mit der Rückseite eines Esslöffels etwas eindrücken. 40 Minuten auf der untersten Schiene backen. Anschließend die Pavlovas bei offener Backofentür im Backofen auskühlen lassen.

Die Beeren waschen und verlesen. Sahne mit dem Zucker steif schlagen. Quark, Milch und Vanille verrühren und die Sahne unterheben. Die Pavlovas mit der Quarkcreme und den gemischten Beeren servieren.

**SÜSS UND FETTIG**

Hot-Dog-Stände mischen zurzeit mit verschiedensten Toppings die Food-Märkte auf. Eine Variante, die ich in Amsterdam entdeckt habe, ist mir besonders im Kopf geblieben: Hot Dog Elsässer Art.

# Hot Dogs Elsässer Art

**Für 4 Hot Dogs**
½ rote Zwiebel
½ Bund Schnittlauch
200 g Crème fraîche
Salz
frisch gemahlener schwarzer Pfeffer
60 g Speckwürfel (alternativ Räuchertofu)
4 Bratwürstchen (alternativ Tofu-Würstchen)
4 Laugenstangen

Die Zwiebel schälen und fein würfeln. Den Schnittlauch abbrausen, trocken tupfen und fein hacken. Die Hälfte des Schnittlauchs mit Zwiebel und Crème fraîche in einer Schüssel verrühren, mit Salz und Pfeffer würzen.

Die Speckwürfel in der Pfanne knusprig braten und auf Küchenpapier abtropfen lassen. Anschließend die Würstchen in der Pfanne von beiden Seiten anbraten.

Die Laugenstangen auf der Oberseite der Länge nach anschneiden und je ein Würstchen hineinlegen. Crème fraîche daraufgeben und mit den Speckwürfeln und dem restlichen Schnittlauch bestreuen.

**SÜSS UND FETTIG**

S'mores bestehen traditionell aus einem gerösteten Marshmallow und einem Stück Schokolade zwischen zwei Keksen. Der kanadische Lagerfeuer-Snack trifft in diesem Rezept auf mein liebstes Sonntagsfrühstück – French Toast. Have some more!

# S'mores & French Toast

**Für 6–8 Portionen**
8 Scheiben Toast
5 Eier
250 ml Milch
1 TL gemahlene Vanille
30 g Rohrohrzucker
1 TL Zimt
½ TL Salz
100 g Vollmilchschokolade
1 Handvoll Mini-Marshmallows
100 g Mini-Butterkekse

**Außerdem:**
Auflaufform, 17 x 25 cm

Den Backofen auf 180 °C vorheizen. Die Toastscheiben grob in Stücke brechen und in die Auflaufform legen. Eier, Milch, Vanille, Zucker, Zimt und Salz in einer Schüssel verrühren und über die Toaststücke gießen. 20 Minuten backen.

Die Schokolade grob in Stücke brechen und mit Marshmallows und Keksen auf dem Auflauf verteilen. Weitere 5 Minuten backen. Den Auflauf warm genießen.

**SÜSS UND FETTIG**

Gibt es jemanden, der Churros kennt und sie nicht liebt? Mit diesen Churros wird ein Foodie-Traum wahr. Die frittierte Köstlichkeit aus Spanien vereint sich in diesem Rezept mit Zimt-Sahne und Haselnuss-Schoko-Soße. Heaven!

# Churros mit Zimtsahne

## UND NUSS-NOUGAT-SOSSE

**Für 4 Portionen**

**Für die Soße:**
200 ml Vollmilch
100 g grob gehackte Vollmilchschokolade
1 EL Haselnussmus

**Für die Churros:**
1 Prise Salz
175 g Mehl
1 Ei
1,5 l raffiniertes Rapsöl

**Für die Zimtsahne:**
200 g Sahne
1 EL Zucker
½ TL Zimt

**Außerdem:**
20 g grob gehackte Haselnüsse
stabiler Spritzbeutel

Für die Soße die Milch in einem Topf aufkochen. Den Topf vom Herd nehmen und Schokolade sowie Haselnussmus zugeben. Umrühren, bis die Schokolade geschmolzen ist.

Für die Churros 350 Milliliter Wasser mit Salz in einem Topf aufkochen. Die Hitze reduzieren, Mehl zufügen und mit einem Holzlöffel umrühren, bis sich die Masse zu einem Klumpen formt und einen milchigen Belag am Topfboden hinterlässt. Den Teig in einer Schüssel auf Zimmertemperatur abkühlen lassen.

Das Öl in einem großen Topf auf 175 °C erhitzen. Den abgekühlten Teig mit dem Ei in der Schüssel mit den Knethaken des Handrührgeräts verkneten. Den Teig in einen Spritzbeutel füllen, herausdrücken, in der gewünschten Länge abschneiden und im heißen Öl goldgelb frittieren. Die Churros mit einer Schöpfkelle herausholen und auf Küchenpapier abtropfen lassen.

Für die Zimtsahne die Sahne mit Zucker und Zimt in einer Schüssel steif schlagen. Die Churros in einer Schüssel mit Soße, Sahne und gehackten Haselnüssen servieren.

**SÜSS UND FETTIG**

Bei dem Hype-Food aus New York werden anstelle des Brötchens frittierte Ramen-Nudeln als Bun verwendet. Mit Currysoße wird daraus eine spannende Alternative zum traditionellen Burger.

# Ramenburger

## MIT CURRYSOSSE

**Für 4 Burger**

**Für die Currysoße:**
1 Schalotte
1 frisches Ei
125 ml Rapsöl plus 1 EL für die Pfanne
1 TL Senf
25 ml Olivenöl
1 EL Apfelessig
1 EL Currypulver
Salz
frisch gemahlener schwarzer Pfeffer

**Für die Buns:**
100 g Ramen-Nudeln
1 Ei
Salz
3 EL Rapsöl

**Für die Füllung:**
500 g Rinderhackfleisch
Salz
frisch gemahlener schwarzer Pfeffer
1 große Tomate

Für die Soße die Schalotte schälen, fein hacken, in Rapsöl in einer Pfanne andünsten und abkühlen lassen. Das Ei in ein hohes, schmales Gefäß geben, Öle und Senf zugeben, den Stabmixer auf dem Eigelb ansetzen und die Zutaten zu einer hellen Creme vermischen, dabei den Mixer nach oben ziehen. Schalotte, Essig und Currypulver zugeben und mitpürieren. Mit Salz und Pfeffer würzen.

Die Nudeln nach Packungsanleitung kochen, abtropfen und auskühlen lassen. In einer Schüssel mit Ei und Salz vermengen. 8 Nudel-Buns formen und mit Rapsöl in zwei beschichtete Pfannen setzen. Die Pfannen erhitzen und die Buns bei mittlerer Temperatur auf jeder Seite goldbraun braten.

In der Zwischenzeit für die Füllung das Hackfleisch mit Salz und Pfeffer würzen und 8 Patties formen. Die Buns aus der Pfanne nehmen und die Patties bei hoher Temperatur goldbraun braten.

Die Tomate waschen, vom Stielansatz befreien und in dünne Scheiben schneiden. Jeweils einen Bun mit Patty und Tomate belegen, mit etwas Soße garnieren und das zweite Bun daraufsetzen. Die restliche Currysoße hält sich 1 Tag im Kühlschrank.

**SÜSS UND FETTIG**

Fritten gehören auf meiner Soulfood-Liste zu den Top 5. In diesem Rezept ersetze ich Mayonnaise und Ketchup durch cremig verlaufenden Burrata und Tomatenstückchen.

# Fritten Italian Style

**Für 4 Portionen**
1 kg mehligkochende Kartoffeln
2 EL Mehl
400 g Burrata
1 Bund Basilikum
2 große Tomaten
1 Knoblauchzehe
3 EL Olivenöl
Salz
frisch gemahlener schwarzer Pfeffer
1,5 l raffiniertes Rapsöl

Die Kartoffeln waschen, in einen Zentimeter dicke Streifen schneiden und in einer Schüssel in Mehl wälzen. Den Käse abtropfen lassen und grob in Stücke zerpflücken. Basilikum abbrausen, trocken tupfen und hacken. Die Tomaten halbieren, vom Stielansatz befreien und klein schneiden. Die Knoblauchzehe schälen, fein hacken, in Olivenöl in einer Pfanne anschwitzen und warm in einer Schüssel mit den Tomaten mischen. Mit Salz und Pfeffer würzen.

Das Öl in einem großen Topf auf 175 °C erhitzen. Die Kartoffelstreifen portionsweise im heißen Öl goldbraun frittieren und auf Küchenpapier abtropfen lassen. In einer Schüssel mit Salz schwenken. Auf vier Schalen verteilen und mit Burrata- und Tomatenstücken belegen. Zum Schluss mit Basilikum bestreuen.

**TIPP**

Wenn du die Fritten besonders knusprig möchtest, legst du sie 2 Stunden ins Gefrierfach und gibst sie gefroren ins heiße Öl.

**SÜSS UND FETTIG**

Als Honeycomb kennt man in England und Australien eine Art Karamell, das löchrig wie eine Bienenwabe ist. Daher stammt auch der Name. Ich nehme die Bezeichnung wörtlich und bereite meine Honeycombs mit Honig zu. Dazu noch etwas Schokolade und fertig ist der sündige Genuss.

# Honeycomb
## MIT SCHOKOLADE

**Für ca. 16 Stücke**

2 EL Honig
100 g Zucker
1 TL Backsoda
200 g Vollmilchkuvertüre

Ein Stück Backpapier auf die Arbeitsfläche legen. Honig und Zucker in einem Topf langsam bei niedriger Temperatur erhitzen. Den Topf zwischendurch schwenken, damit sich die Masse gleichmäßig verteilt. Sobald die Masse braun wird, Backsoda mit dem Schneebesen unterrühren. Das noch flüssige Karamell auf das Backpapier gießen und mindestens 15 Minuten abkühlen lassen.

In der Zwischenzeit die Vollmilchkuvertüre hacken und in einer Schüssel in der Mikrowelle bei mittlerer Hitze in ca. 1 Minute langsam schmelzen. Umrühren und ggf. erneut erhitzen, wenn die Schokolade noch nicht vollständig geschmolzen ist. Die Honeycomb-Platte grob in Stück brechen. Die flüssige Schokolade darübergeben und abkühlen lassen.

**TIPP**

**Anstatt Honig kannst du Ahornsirup oder Zuckersirup verwenden. Kleine Honeycomb-Stücke sind ein leckeres Knusper-Topping für Eis und andere Desserts.**

# If you never try you'll never know ...

### Neu und ausgefallen

In diesem Kapitel wird es freaky and funny. Ich habe einige neue, verrückte und exotische Trends ausprobiert, die mich zumeist sehr überrascht und zum größten Teil auch sehr verzückt haben. Das sind natürlich keine Rezepte für jedermann und die meisten eignen sich auch nicht für den Alltag. Aber die Gerichte bringen Spaß, Leben und einfach mal etwas anderes in die Küche. Und dazu sind sie superlecker. Trau dich und probiere etwas Neues aus! Just do it!

**NEU UND AUSGEFALLEN**

Hawaiianische Poké Bowls sind eine perfekte Mischung aus Buddha Bowls und Sushi. Die Basis ist Reis, der mit rohem Fisch und viel frischem Obst, Salat und Gemüse und köstlichen Soßen kombiniert wird.

# Poké Bowl

**Für 2 Portionen**
**Für die Mayonnaise:**
1 Ei
1 TL Senf
150 g Rapsöl
2 TL Rote-Bete-Saft
1–2 TL Wasabipaste
Salz

**Für die Hoisin-Soße:**
2 EL Hoisin-Paste
2 EL Sriracha-Soße
2 EL Sojasoße
3 EL süße Chilisoße
1 EL geröstetes Sesamöl
1 EL Reisessig

**Für die Bowl:**
100 g Rundkorn-Naturreis
100 g Edamame (TK)
½ Mango
1 Avocado
150 g roher Lachs in Sushi-Qualität (alternativ geräuchert)
50 g Wakame-Salat (Fertigprodukt)
2 EL schwarze und weiße Sesamsamen

Für die Mayonnaise Ei, Senf und Öl in ein hohes Gefäß füllen, den Stabmixer auf dem Eigelb ansetzen und die Zutaten zu einer hellen Creme vermischen, dabei den Mixer hochziehen. Rote-Bete-Saft und Wasabi zugeben und kurz mitpürieren. Mit Salz würzen.

Für die Hoisin-Soße alle Zutaten in einer Schüssel glatt rühren.

Für die Bowl den Reis in gesalzenem Wasser nach Packungsanleitung kochen. Die Bohnen in gesalzenem Wasser garen, abgießen und aus der Haut lösen. Die Mango schälen und in Scheiben schneiden. Die Avocado halbieren und den Kern herauslösen. Das Fruchtfleisch aus der Schale lösen und in Scheiben schneiden. Den Lachs waschen und in mundgerechte Stücke schneiden. Den Reis abgießen, in zwei Schalen füllen und mit Wakame-Salat, Mango, Avocado und Lachs belegen. Mit den Soßen und Sesamsamen garnieren.

**TIPP**

Für eine vegetarische Variante kannst du anstelle des Lachs Tofu verwenden.

NEU UND AUSGEFALLEN

# Pulled Jackfruit Burger

**Für 4 Burger**
**Für die Barbecuesoße:**
125 g passierte Tomaten
25 ml Apfelsaft
½ EL Tomatenmark
½ EL süßer Senf
½ EL Johannisbeerkonfitüre
½ TL Honig
½ TL Chiliflocken
½ TL scharfes Currypulver
Salz

**Für die Pulled Jackfruit:**
250 g grüne Jackfrucht (Dose)
½ TL scharfes Paprikapulver
1 TL getrockneter Thymian
1 TL getrockneter Oregano
2 TL Senf
2 EL Tomatenmark
Salz, schwarzer Pfeffer
1 Zwiebel
1 Knoblauchzehe
2 EL Rapsöl

**Für den Möhrensalat:**
1 Möhre
½ Paprikaschote
1 Avocado
1 EL Mandelmus
2 TL Tomatenmark
2 TL Senf
Salz, schwarzer Pfeffer

**Außerdem:**
1 Apfel
4 Buns

Die Zutaten für die Barbecuesoße in einem Topf 30 Minuten köcheln und mit Salz würzen.

Den Backofen auf 200 °C vorheizen. Die Jackfrucht waschen, die harten Enden abschneiden und das weiche Fruchtfleisch auseinanderzupfen. Die Fruchtstücke in einer Schüssel mit Paprika, Thymian, Oregano, Senf und Tomatenmark mischen, mit Salz und Pfeffer würzen. Je länger die Jackfruit mariniert wird, desto mehr Geschmack bekommt das Fruchtfleisch. Zwiebel und Knoblauchzehe schälen. Die Zwiebel in feine Ringe schneiden, den Knoblauch fein hacken. Die Zwiebel in einer Pfanne in Öl glasig anschwitzen. Knoblauch und danach die Jackfruchtstücke zugeben und kurz mitbraten. Zuletzt fünf Esslöffel Barbecuesoße unterrühren. Auf einem mit Backpapier ausgelegten Backblech verteilen und 10–15 Minuten backen.

Für den Möhrensalat die Möhre schälen, die Paprika von Samen und Scheidewänden befreien. Beides in feine Streifen schneiden. Die Avocado halbieren, den Kern entfernen, das Fruchtfleisch herauslösen und eine Hälfte davon grob in Stücke schneiden. Die andere Hälfte der Avocado mit Mandelmus, Tomatenmark, Senf, Salz und Pfeffer zu einer cremigen Masse verrühren. Mit dem restlichen Gemüse vermischen.

Den Apfel von Kerngehäuse befreien und in Scheiben schneiden. Die Brötchen aufschneiden und mit Apfel, Pulled Jackfruit und Möhrensalat belegen.

Die schwarzen Waffeln sehen nicht nur spektakulär aus, sondern haben auch eine Detox-Wirkung. Dafür sorgt die Aktivkohle, die Körpergifte neutralisieren soll. Die Ananassoße ist ein schöner Farbkontrast auf dem Teller.

# Charcoal Waffles

## MIT ANANASSOSSE

**Für 8-10 Waffeln**
**Für die Ananassoße:**
1 Ananas
30–50 g Zucker
(je nach Reifegrad der Ananas)

**Für die Waffeln:**
8 Eier (Größe M)
450 ml Vollmilch
20 g Zucker
1 Pck. Vanillezucker
200 g flüssige Butter
1 Prise Salz
300 g Mehl
3 EL Aktivkohle

**Außerdem:**
Waffeleisen

Für die Soße die Ananas schälen, längs vierteln und grob hacken. Die Ananasstücke mit 250 Milliliter Wasser und Zucker in einem Topf einige Minuten weich kochen, anschließend pürieren, sodass noch Stückchen zu sehen sind. Auskühlen lassen.

Für die Waffeln die Eier trennen. Milch, Zucker, Vanillezucker und Butter in einer großen Schüssel verrühren, Eigelbe zugeben und leicht verquirlen. Die Eiweiße mit dem Salz steif schlagen. Mehl und Aktivkohle mischen und die Milch-Ei-Masse unterrühren. Zum Schluss den Eischnee unterheben.

Das Waffeleisen vorheizen. Den Teig portionsweise im heißen Waffeleisen ausbacken. Die Waffeln warm mit kalter Ananassoße genießen.

**NEU UND AUSGEFALLEN**

Dieses japanische Street Food besteht aus einer Art Weißkohlpfannkuchen, der mit unterschiedlichen Toppings und Soßen verfeinert wird. Simpel, aber unheimlich lecker!

# Okonomiyaki

**Für 4 Portionen**
**Für die Mayonnaise:**
1 frisches Ei
1 TL Senf
150 ml Rapsöl
½ TL Honig
1 TL Reisessig
1 TL Sriracha-Soße
Salz

**Für die Okami-Soße:**
50 ml Sojasoße
½ TL Zucker

**Für das Okonomiyaki:**
100 g Wok-Nudeln
1 Frühlingszwiebel
500 g Weißkohl
50 g Mais (Dose)
100 g küchenfertige Garnelen
4 Eier
200 g Mehl
Salz
Öl zum Braten (z. B. Erdnussöl)

Für die Mayonnaise Ei, Senf und Öl in ein hohes Gefäß füllen, den Stabmixer auf dem Eigelb ansetzen und die Zutaten pürieren, dabei den Mixer hochziehen. Honig, Reisessig und Sriracha-Soße unterrühren und mit Salz würzen.

Für die Okami-Soße Sojasoße, Zucker und 25 Milliliter Wasser glatt rühren.

Für das Okonomiyaki die Nudeln in einer Schüssel mit kochendem Wasser nach Packungsanleitung gar ziehen lassen. Frühlingszwiebel und Weißkohl putzen und in feine Streifen schneiden. Den Mais und die Garnelen waschen. Eier, Mehl und 200 Milliliter Wasser in einer Schüssel glatt rühren. Die Nudeln abgießen, Mais, Frühlingszwiebel und Kohl zugeben. Alles vermengen und die Masse portionsweise in einer Pfanne in Öl bei mittlerer Hitze zu Pfannkuchen ausbacken, dabei die Garnelen auf die noch rohe Pfannkuchenseite legen, dann die Pfannkuchen wenden. Auf einem Teller mit den Soßen anrichten, ggf. mit Toppings (siehe Tipp) bestreuen.

**TIPP**

Gehackte Frühlingszwiebeln, getrockneten Thunfisch (Baito) oder geraspelte Nori-Blätter als Toppings auf den Pfannkuchen geben. Den Mais, Garnelen und die Toppings kannst du durch Bacon, Paprika und Sesamsamen ersetzen.

NEU UND AUSGEFALLEN

Popcorn ist eine tolle, weil fettärmere Alternative zu Chips. Mit den richtigen Gewürzen zubereitet, merkt man kaum einen Unterschied. Mein Spicy Popcorn bereite ich mit einer orientalischen Mischung zu.

# Spicy Popcorn

**Für 2 Portionen**
100 g Popcornmais
2 EL Rapsöl
2 TL süßes Paprikapulver
1 TL Pimentón de la Vera (geräuchertes Paprikapulver)
2 TL getrockneter Thymian
1 TL Knoblauchpulver
½ TL Meersalz
1 Prise Zucker

Den Mais mit den übrigen Zutaten in einem großen Topf vermengen. Den Deckel auflegen und bei mittlerer Temperatur erhitzen, sodass der Mais aufspringt. Wenn kein Poppen mehr zu hören ist, den Topf vom Herd nehmen und den Deckel abheben. Das Popcorn umrühren, in eine Schüssel füllen und auskühlen lassen.

**TIPP**

Wenn du Popcorn als Alternative zu deinen Lieblingschips zubereiten willst, schau einfach auf der Packung nach den verwendeten Gewürzen und gib davon etwas zu dem Mais in den Topf.

## NEU UND AUSGEFALLEN

Die Liebe der Amerikaner zum Frittieren macht auch vor sauren Gurken nicht halt. Total verrückt? Keineswegs. Das säuerliche Aroma der Gurke, die knusprige Panade und dazu der selbst gemachte Ketchup sind eine geniale Kombination.

# Deep Fried Pickles

## & HOMEMADE KETCHUP

**Für 2 Portionen**
**Für den Ketchup:**
1 Knoblauchzehe
1 Zwiebel
2 EL Olivenöl
800 g stückige Tomaten (Dose)
2 EL Apfelessig
1 EL Rohrohrzucker oder Agavendicksaft
1 TL milder Senf
1 EL Worcestersoße
1 TL Salz
2 EL gehackte Kräuter (z. B. Basilikum oder Dill)

**Für die Fried Pickles:**
1,5 l raffiniertes Rapsöl
580 g Gewürzgurken (Glas)
3 EL Mehl
3 Eier
Salz
frisch gemahlener schwarzer Pfeffer
½ TL süßes Paprikapulver
300 g Pankomehl

Für den Ketchup Knoblauchzehe und Zwiebel schälen und fein hacken. In Olivenöl in einem Topf glasig anschwitzen. Die restlichen Zutaten außer den Kräutern zufügen und 30 Minuten köcheln lassen. Heiß in eine saubere Flasche füllen und auskühlen lassen.

Das Rapsöl in einem großen Topf auf 175 °C erhitzen. Die Gurken abtropfen lassen und in einer Schüssel rundherum mit Mehl bestäuben. Die Eier in einer zweiten Schüssel mit Salz, Pfeffer und Paprikapulver verquirlen. Die Gurken einzeln zuerst in die Eimasse tauchen, anschließend in Pankomehl wenden, danach erneut in die Eimasse tauchen und noch einmal in Pankomehl wenden. Die panierten Gurken im heißen Öl goldbraun frittieren und auf Küchenpapier abtropfen lassen.

Den Ketchup mit Kräutern bestreuen und zu den noch warmen Gurken servieren.

Der schwarze Venere-Reis sieht nicht nur spektakulär aus, sondern hat auch einen ganz besonderen Geschmack. Frisches Lemon Curd ist dazu der perfekte Begleiter. Der Reis schmeckt aber auch wunderbar pur, mit Zimt und Zucker oder mit frischen Früchten.

# Black Rice Pudding

## & LEMON CURD

**Für 2 Portionen**
**Für den Lemon Curd:**
3 Bio-Zitronen
50 g Rohrohrzucker
1 TL Speisestärke

**Für den Milchreis:**
½ Vanilleschote
500 l Milch (alternativ pflanzliche Milch)
100 g Venere-Reis
1 EL Rohrohrzucker
1 Prise Salz

**Außerdem:**
1 Handvoll Himbeeren
1 EL gehackte Nüsse

Für den Lemon Curd die Zitronenschalen abreiben. Die Zitronen schälen und von Kernen und weißen Häuten befreien. Das Fruchtfleisch grob in Stücke schneiden. Zitronenstücke mit Schalenabrieb, 50 Milliliter Wasser und Zucker in einem Topf aufkochen und 5 Minuten köcheln. Anschließend im Standmixer fein pürieren. Die Masse zurück in den Topf geben und erneut aufkochen. Den Topf vom Herd nehmen, die Speisestärke mit einem Esslöffel Wasser glatt rühren und in die heiße Masse einrühren. Erneut aufkochen, bis die Masse andickt. Etwas abkühlen lassen.

Für den Milchreis die Vanilleschote der Länge nach aufschneiden und das Mark herauskratzen. Die Milch mit dem Vanillemark und der Schote in einem großen Topf aufkochen. Reis und Zucker zufügen und bei geringer Hitze 45 Minuten köcheln lassen. Erst gegen Ende der Kochzeit mit Salz würzen. Die Vanilleschote entfernen. Für eine flüssigere Variante gegen Ende noch etwas Milch unterrühren. Den Reis auf Tellern anrichten und mit Lemon Curd, Himbeeren und gehackten Nüssen servieren.

**NEU UND AUSGEFALLEN**

Ich bin ein Sushi-Fan. Als ich neulich bei Pinterest süßes Sushi entdeckt habe, musste ich es sofort ausprobieren. Ich kombiniere den Milchreis mit Mango, Kiwi und Litschi. Zum Dippen gibt's eine Schokosoße.

# Sweet Sushi

## MIT SCHOKO-ZIMT-SOSSE

**Für 4 Rollen**

**Für die Schoko-Zimt-Soße:**
250 g Zucker
3 EL Kakaopulver
1 TL Zimt

**Für die Rollen:**
1 l Vollmilch
250 g Milchreis
5 EL Zucker
1 EL Butter
2 Mangos
4 Kiwis
425 g Litschi (Dose)
100 g Kokosraspel

**Außerdem:**
Sushi-Matte (alternativ Backmatte)
Frischhaltefolie

Für die Soße 250 Milliliter Wasser und Zucker kurz aufkochen. Kakao und Zimt einrühren. Abkühlen lassen.

Für die Rollen die Milch aufkochen. Milchreis, Zucker und Butter zugeben und bei geringer Hitze 30 Minuten ziehen lassen, bis die Flüssigkeit aufgesogen ist; gelegentlich umrühren. 2 Stunden kalt stellen.

Mangos und Kiwis schälen. Eine Mango mit einem Sparschäler in breite dünne Streifen schneiden. Das Fleisch der anderen Mango längs rund um den Kern abschneiden. Diese Mangostücke und die Kiwis in einen Zentimeter breite Streifen schneiden. Die Litschis abtropfen lassen und hacken. Die Kokosraspel in einer Pfanne rösten und in eine flache Schale füllen.

Die Sushi-Matte mit Frischhaltefolie bedecken. Darauf ein Viertel des Milchreises mit angefeuchteten Händen zu einem langen, zehn Zentimeter breiten Streifen formen. Ein Viertel der Mango- und Kiwistreifen längs daraufverteilen. Die untere Kante der Matte mit der Folie anheben und zur oberen Kante ziehen, sodass der Reis das Obst umschließt und sich zu einer Rolle formt. Die Matte öffnen, die Rolle entnehmen und beiseitestellen. Die weiteren drei Rollen ebenso zubereiten. Mit dem restlichen Milchreis und Früchtestreifen jeweils genauso verfahren. Die Rollen in den Kokosraspeln wenden oder mit den dünnen Mangostreifen ummanteln, in zwei Zentimeter breite Stücke schneiden und mit Schokosoße servieren.

**NEU UND AUSGEFALLEN**

Teig für Brot, Pizza oder Pasta zu färben, ist hip und bringt Farbe auf den Tisch. Rote Bete eignet sich super zum natürlichen Färben von Lebensmitteln und verleiht ihnen auch noch einen aromatischen Geschmack.

# Red Pizza

## MIT RUCOLAPESTO UND GARNELEN

**Für 2 Pizzen**
**Für das Pesto:**
70 g Rucola
½ Bund Basilikum
40 g Pinienkerne
60 ml Olivenöl
60 ml Rapsöl
1 TL Zitronensaft
25 g geriebener Parmesan
Salz

**Für den Teig:**
250 g Mehl (Typ 550) plus etwas für die Arbeitsfläche
100 ml Rote-Bete-Saft
2 TL Olivenöl
5 g Hefe
1 ½ TL Salz

**Für das Topping:**
300 g küchenfertige, blanchierte Garnelen
100 g Babyspinat
200 g Mozzarella
2 EL Rapsöl

Für das Pesto Rucola und Basilikum abbrausen und trocken tupfen. Die Pinienkerne mit Öl und Zitronensaft grob pürieren. Rucola, Basilikum und Parmesan zugeben und weiter zu einer cremigen Masse pürieren. Mit Salz würzen.

Die Zutaten für den Teig in einer Schüssel verkneten. Wenn der Teig zu trocken ist, etwas mehr Rote-Bete-Saft zugeben. Den Teig bei 50 °C zusammen mit einer Schüssel mit Wasser im Backofen mindestens 2 Stunden gehen lassen.

Für das Topping die Garnelen und den Spinat waschen, den Mozzarella abtropfen lassen. Den Backofen auf 220 °C vorheizen. Den Teig vierteln und jeden Teigling auf der bemehlten Arbeitsfläche zu einer dünnen Pizza ausrollen. Jeweils mit Pesto bestreichen, dabei die Ränder frei lassen, anschließend mit Mozzarella und der Hälfte des Spinats belegen. Die Pizzen ca. 10 Minuten backen. In der Zwischenzeit die Garnelen in einer Pfanne im heißen Öl auf jeder Seite scharf anbraten. Die heißen Pizzen mit Garnelen und dem restlichen Spinat belegen.

## Rezeptregister

**A**
Applecrumble mit Mandeln und Vanille 15
Asian Noodles 19
Avocado-Brot mit Kidneybohnen-Creme 30

**B**
Black Rice Pudding & Lemon Curd 134
Brown Rice Salad 70
Brownies mit Dulce de Leche 94

**C**
Carrot Cake 93
Cauliflower Rice 36
Charcoal Waffles mit Ananassoße 124
Chia-Beeren-Creme 58
Churros mit Zimtsahne und Nuss-Nougat-Soße 108
Crispy Chickpeas on Salad 16
Cucumber Slices & Green Smoothie 40

**D**
Deep Fried Pickles & Homemade Ketchup 133

**F**
Fritten Italian Style 112

**G**
Green Matcha Curry 43

**H**
Honeycomb mit Schokolade 115
Hot Dogs Elsässer Art 104

**K**
Kale & Quinoa Salad 57
Kisir 84

**L**
Linsensalat, lauwarmer 47

**M**
Mango-Mozzarella-Türmchen mit Grapefruit-Limo 29
Maracuja-Nicecrem mit Knusper-Topping 48
Mini-Pavlova mit Beeren 103
Möhren-Sticks mit Joghurt-Dip 61

**O**
Okonomiyaki 127
One Pan Pasta 26
Overnight Oats mit Pistazien und Blaubeeren 74

**P**
Pastrami-Sandwich mit Honig-Senf-Soße 77
Peanutbutter Cookies 20
Piña Colada Dish 39
Poké Bowl 120
Polenta-Stäbchen mit Johannisbeer-Chutney 83
Popsicles mit Mango und Blaubeeren 44
Pulled Jackfruit Burger 123

**R**
Ramenburger mit Currysoße 111
Raw Chocolate Bites 73
Real Mac & Cheese 97
Red Pizza mit Rucolapesto und Garnelen 138

**S**
S'mores & French Toast 107
Spicy Popcorn 128
Summer Rolls 25
Süßkartoffel-Kurkuma-Suppe 80
Sweet & Sticky Chili Beef 90
Sweet Sushi mit Schoko-Zimt-Soße 137
Swirled Blackberry Scones 98

**T**
Taboulé mit Kirschtomaten und Rucola 12
Tantan Ramen 53

**V**
Veggie Flatbrad & Pink Hummus 69

**W**
Wrap-Happen 66

**Z**
Zoodles Carbonara 54

## Zutatenregister

### A
Agavendicksaft 16, 19, 48, 70, 133
Ahornsirup 20, 25, 58
Aktivkohle 124
Ananas 39, 124
Apfel 15, 149
Avocado 25, 30, 120, 123

### B
Babyspinat 40, 138
Banane 40, 48, 61
Basilikum 26, 133, 138
Beeren
    Blaubeeren 44, 74
    gemischte - 58, 93, 103
    Himbeeren 134
Belugalinsen 47
Birne 40, 77
Blumenkohl 36
Bratwurst 104
Brokkoli 43
Brot 30, 77, 104, 107
Bulgur 84
Butterkekse 107
Buttermilch 98

### C
Cashewkerne 80
Cheddar 97
Chia-Samen 58
Chili 39, 83, 90, 120, 123
Couscous 12
Currypaste 43
Currypulver 39, 40, 111, 123

### D
Dattel 40, 73
Dill 77, 133
Dulche de Leche 94

### E
Edamame 120
Erbsen 43
Erdnüsse 19
Erdnussmus 19, 20, 25, 66

### F
Frischkäse 40, 93
Frühlingszwiebel 36, 43, 53, 90, 127

### G
Garnelen 127, 138
Gemüsebrühe 25, 54, 70, 80, 83
Gorgonzola 77
Granatapfel 57
Grenadinesirup 47
Grünkohl 57
Gurke
    Salat- 40
    Gewürz- 133

### H
Hackfleisch 53, 111
Haferflocken 48, 74
Hähnchenbrustfilet 39
Haselnüsse 48, 108
Harissa 66
Hefe 138
Hoisin-Paste 120

### I
Ingwer 53, 70, 90

### J
Jackfrucht 123
Joghurt 61

### K
Kakao-Nibs 73
Kakaopulver 58, 73, 137
Kartoffeln 112
Kichererbsen 16, 69
Kidneybohnen 30
Kirschtomaten 12, 69
Kiwi 173
Kokos 39, 43, 80, 137
Konfitüre 83, 98, 123
Koriander 19
Kurkuma 80
Kreuzkümmel 16
Kürbiskerne 48

### L
Lachs 120
Lauch 53
Limetten 19, 39, 70
Litschi 173
Lollo Bianco 16
Lucuma-Pulver 44

### M
Mais 127
Maisgrieß 83
Mandeln 15, 47, 58, 73, 93
Mandelmilch 58, 74
Mango 25, 29, 44, 120, 173
Maracuja 48
Marshmallows 107
Matchapulver 43
Milchreis 137
Minze 12, 16, 84
Möhre 19, 36, 53, 61, 93, 123
Mozzarella 138
    Büffelmozzarella 29
    Burrata 112

## N

Nudeln
  Makkaroni 97
  Mie-Nudeln 25
  Penne 26
  Ramen-Nudeln 53, 111
  Reisnudeln 19
  Wok-Nudeln 127
Nüsse, gemischte 134

## O

Oliven 84
Orangen 48
Oregano 26, 123

## P

Pak Choi 53
Pankomehl 133
Paprika 36, 43, 47, 66, 69, 70, 84, 90, 123, 133
  -pulver 16, 84, 123, 128
Parmesan 61, 83, 138
Pastrami 77
Petersilie 12, 47, 54, 61, 97
Pimentón de la Vera 128
Pinienkerne 29, 138
Pink-Grapefruit-Saft 29
Pistazien 74
Popcornmais 128

## Q

Quinoa 57

## R

Radieschen 16
Räuchertofu 54
Reis
  Basmati-Reis 39, 43
  Parboiled Reis 90
  Rundkorn-Naturreis 70, 120
  Venere-Reis 134
Reispapier 25
Romana-Salat 25
Rosmarin 26, 29, 69, 83
Rote-Bete-Saft 69, 120, 138
Rotkohl 19, 25
Rucola 12, 138
Rumpsteak 90

## S

Schokolade 20, 94, 107, 108, 115
Schnittlauch 104
Sesampaste 53
Sesamsamen 25, 36, 40, 53, 90, 120
Sojasoße 19, 25, 53, 70, 90, 127
Sonnenblumenkerne 48
Speckwürfel 104
Sprossen 29, 40
Sriracha-Soße 120, 127
Suppenhuhn 53
Süßkartoffel 80

## T

Tahini 69
Tomaten 26, 111, 112, 123
Tortilla 66
Thymian 61, 80, 83, 123, 128

## V

Vanille 15, 20, 48, 58, 103, 107, 134

## W

Wakame-Salat 120
Walnüsse 93
Wasabipaste 70, 120
Weißkohl 127
Worcestersoße 133

## Z

Zimt 15, 80, 93, 107, 108, 137
Zitronen 134
Zucchini 19, 54, 66, 69
Zuckerschoten 43, 70
Zwiebel, rote 69, 70, 84, 104

# Good food is good mood.

# Danke ...

... an Verena für deine wundervolle Unterstützung bei den Rezepten und die tolle Zusammenarbeit! (www.handundhonig.wordpress.com)

... an Angela, Dagmar und Franzi für die so nette und einfach besondere Zusammenarbeit. Danke für die vielen Anstöße, die ihr mir gebt und für das Vertrauen in meine Arbeit.

... an meine Handmodels Mareike, Norbert und Ellen.

... an Laura für die wunderschönen selbst gebrannten Löffel und Brettchen.

... an Jan-Bernd für die Inspirationshilfen und das gemeinsame Okominyaki kochen.

... an Femke, dass ich einige der Fotos in deiner wunderschönen Wohnung in Noordwijk machen durfte.

... an den Strandclub Witsand, dass ich ein paar Mood-Bilder dort machen durfte.

... an Steffi für die wunderbare Zusammenarbeit und die super schöne Gestaltung.

... an Tine für deinen professionellen Feinschliff an den Texten und den netten Kontakt.

... an meine Familie, besonders an meinen Vater, für die Unterstützung und die Sicherheit die ihr mir gebt und die Projekte wie dieses erst möglich machen.

... an Norbert für deine vielen Rettungen im Küchenchaos, deine Geduld und natürlich für deine emotionale Unterstützung während des gesamten Projektes.

Danke an Davert für das Produktsponsoring. (www.davert.de)
Die Fotos auf S. 8, S. 31, S. 46, S. 50 und S. 116 wurden in der Ferienwohnung von Femke in Noordwijk aufgenommen. Kontakt: femkebol@gmail.com
Die Fotos auf S. 34, S. 62 und S. 117 wurden in dem Restaurant Witsand in Noordwijk aufgenommen. (www.strandclubwitsand.nl)

# Über die Autorin

Kerstin Niehoff bezeichnet sich selbst als absoluten Foodie und verbreitet unter ihrem Spitznamen „Kerze" in sozialen Netzwerken und auf ihrem Blog „Waldsinnig" (www.waldsinnig.de) vor allem ihre Freude am Kochen, Genießen und Gestalten mit Sinn für Nachhaltigkeit und Natürlichkeit. Die Liebe zum Fotografieren hat die Münsteranerin erst vor einigen Jahren entdeckt, mittlerweile ist sie jedoch nicht mehr aus ihrem Alltag wegzudenken. Auf ihrem Blog kann sie ihre Leidenschaften verbinden und auf diese Weise schöne Momente mit anderen teilen.

**IMPRESSUM**
5 4 3 2 1   23 22 21 20 19
978-3-88117-194-6
Rezepte und Fotos: Kerstin Niehoff
Redaktion: Franziska Grünewald
Lektorat: Dr. Christine Schlitt
Gestaltung: Stefanie Wawer
Satz: Helene Hillebrand
Litho: FSM Premedia

© 2019 Hölker Verlag in der Coppenrath Verlag GmbH & Co. KG
Hafenweg 30, 48155 Münster, Germany
Alle Rechte vorbehalten, auch auszugsweise

www.hoelker-verlag.de